思想的・睿智的・獨見的

經典名著文庫

學術評議

丘為君	吳惠林	宋鎮照	林玉体	邱燮友
洪漢鼎	孫效智	秦夢群	高明士	高宣揚
張光宇	張炳陽	陳秀蓉	陳思賢	陳清秀
陳鼓應	曾永義	黃光國	黃光雄	黃昆輝
黃政傑	楊維哲	葉海煙	葉國良	廖達琪
劉滄龍	黎建球	盧美貴	薛化元	謝宗林
簡成熙	顏厥安 (以姓氏筆畫排序)			

策劃　楊榮川

五南圖書出版公司 印行

經典名著文庫

學術評議者簡介（依姓氏筆畫排序）

- 丘為君　美國俄亥俄州立大學歷史研究所博士
- 吳惠林　美國芝加哥大學經濟系訪問研究、臺灣大學經濟系博士
- 宋鎮照　美國佛羅里達大學社會學博士
- 林玉体　美國愛荷華大學哲學博士
- 邱燮友　國立臺灣師範大學國文研究所文學碩士
- 洪漢鼎　德國杜塞爾多夫大學榮譽博士
- 孫效智　德國慕尼黑哲學院哲學博士
- 秦夢群　美國麥迪遜威斯康辛大學博士
- 高明士　日本東京大學歷史學博士
- 高宣揚　巴黎第一大學哲學系博士
- 張光宇　美國加州大學柏克萊校區語言學博士
- 張炳陽　國立臺灣大學哲學研究所博士
- 陳秀蓉　國立臺灣大學理學院心理學研究所臨床心理學組博士
- 陳思賢　美國約翰霍普金斯大學政治學博士
- 陳清秀　美國喬治城大學訪問研究、臺灣大學法學博士
- 陳鼓應　國立臺灣大學哲學研究所
- 曾永義　國家文學博士、中央研究院院士
- 黃光國　美國夏威夷大學社會心理學博士
- 黃光雄　國家教育學博士
- 黃昆輝　美國北科羅拉多州立大學博士
- 黃政傑　美國麥迪遜威斯康辛大學博士
- 楊維哲　美國普林斯頓大學數學博士
- 葉海煙　私立輔仁大學哲學研究所博士
- 葉國良　國立臺灣大學中文所博士
- 廖達琪　美國密西根大學政治學博士
- 劉滄龍　德國柏林洪堡大學哲學博士
- 黎建球　私立輔仁大學哲學研究所博士
- 盧美貴　國立臺灣師範大學教育學博士
- 薛化元　國立臺灣大學歷史學系博士
- 謝宗林　美國聖路易華盛頓大學經濟研究所博士候選人
- 簡成熙　國立高雄師範大學教育研究所博士
- 顏厥安　德國慕尼黑大學法學博士

經典名著文庫100

發生認識論

人類認知與知識建構的發生學原理

L'épistémologie génétique

皮亞傑（Jean Piaget）著

李政賢 譯

經典永恆・名著常在

五十週年的獻禮・「經典名著文庫」出版緣起

總策劃 楊榮川

　　五南，五十年了。半個世紀，人生旅程的一大半，我們走過來了。不敢說有多大成就，至少沒有凋零。

　　五南忝為學術出版的一員，在大專教材、學術專著、知識讀本出版已逾壹萬參仟種之後，面對著當今圖書界媚俗的追逐、淺碟化的內容以及碎片化的資訊圖景當中，我們思索著：邁向百年的未來歷程裡，我們能為知識界、文化學術界做些什麼？在速食文化的生態下，有什麼值得讓人雋永品味的？

　　歷代經典・當今名著，經過時間的洗禮，千錘百鍊，流傳至今，光芒耀人；不僅使我們能領悟前人的智慧，同時也增深加廣我們思考的深度與視野。十九世紀唯意志論開創者叔本華，在其〈論閱讀和書籍〉文中指出：「對任何時代所謂的暢銷書要持謹慎的態度。」他覺得讀書應該精挑細選，把時間用來閱讀那些「古今中外的偉大人物的著作」，閱讀那些「站在人類之巔的著作及享受不朽聲譽的人們的作品」。閱讀就要「讀原著」，是他的體悟。他甚至認為，閱讀經典原著，勝過於親炙教誨。他說：

「一個人的著作是這個人的思想菁華。所以，儘管一個人具有偉大的思想能力，但閱讀這個人的著作總會比與這個人的交往獲得更多的內容。就最重要的方面而言，閱讀這些著作的確可以取代，甚至遠遠超過與這個人的近身交往。」

為什麼？原因正在於這些著作正是他思想的完整呈現，是他所有的思考、研究和學習的結果；而與這個人的交往卻是片斷的、支離的、隨機的。何況，想與之交談，如今時空，只能徒呼負負，空留神往而已。

三十歲就當芝加哥大學校長、四十六歲榮任名譽校長的赫欽斯（Robert M. Hutchins, 1899-1977），是力倡人文教育的大師。「教育要教真理」，是其名言，強調「經典就是人文教育最佳的方式」。他認為：

「西方學術思想傳遞下來的永恆學識，即那些不因時代變遷而有所減損其價值的古代經典及現代名著，乃是真正的文化菁華所在。」

這些經典在一定程度上代表西方文明發展的軌跡，故而他為大學擬訂了從柏拉圖的《理想國》，以至愛因斯坦的《相對論》，構成著名的「大學百本經典名著課程」。成為大學通識教育課程的典範。

歷代經典·當今名著，超越了時空，價值永恆。五南跟業界一樣，過去已偶有引進，但都未系統化的完整舖陳。我們決

心投入巨資，有計畫的系統梳選，成立「經典名著文庫」，希望收入古今中外思想性的、充滿睿智與獨見的經典、名著，包括：

- 歷經千百年的時間洗禮，依然耀明的著作。遠溯二千三百年前，亞里斯多德的《尼各馬科倫理學》、柏拉圖的《理想國》，還有奧古斯丁的《懺悔錄》。
- 聲震寰宇、澤流遐裔的著作。西方哲學不用說，東方哲學中，我國的孔孟、老莊哲學，古印度毗耶娑（Vyāsa）的《薄伽梵歌》、日本鈴木大拙的《禪與心理分析》，都不缺漏。
- 成就一家之言，獨領風騷之名著。諸如伽森狄（Pierre Gassendi）與笛卡兒論戰的《對笛卡兒沉思錄的詰難》、達爾文（Darwin）的《物種起源》、米塞斯（Mises）的《人的行為》，以至當今印度獲得諾貝爾經濟學獎阿馬蒂亞·森（Amartya Sen）的《貧困與饑荒》，及法國當代的哲學家及漢學家余蓮（François Jullien）的《功效論》。

梳選的書目已超過七百種，初期計劃首爲三百種。先從思想性的經典開始，漸次及於專業性的論著。「江山代有才人出，各領風騷數百年」，這是一項理想性的、永續性的巨大出版工程。不在意讀者的眾寡，只考慮它的學術價值，力求完整展現先哲思想的軌跡。雖然不符合商業經營模式的考量，但只要能爲知識界開啓一片智慧之窗，營造一座百花綻放的世界文

明公園，任君遨遊、取菁吸蜜、嘉惠學子，於願足矣！

　　最後，要感謝學界的支持與熱心參與。擔任「學術評議」的專家，義務的提供建言；各書「導讀」的撰寫者，不計代價地導引讀者進入堂奧；而著譯者日以繼夜，伏案疾書，更是辛苦，感謝你們。也期待熱心文化傳承的智者參與耕耘，共同經營這座「世界文明公園」。如能得到廣大讀者的共鳴與滋潤，那麼經典永恆，名著常在。就不是夢想了！

二〇一七年八月一日　於

五南圖書出版公司

導讀——人類智慧探索者「皮亞傑」的《發生認識論》

亞洲大學幼兒教育學系講座教授兼人文社會學院前院長
盧美貴

　　哈佛大學認知心理學家Kagan曾讚歎——皮亞傑（一八九六至一九八〇），即使他不是空前的，也是本世紀最具影響力的認知發展論者。

　　針對這一位人類智慧探索大師「皮亞傑」的《發生認識論》，我們從下列三方面加以導讀，希望藉此能讓讀者深入其堂奧：

　　一、皮亞傑學思進程的線性與非線性。
　　二、時空脈絡更迭對皮亞傑學說發展歷程的影響。
　　三、文本載體的閱讀與內化體系的延伸。

一、皮亞傑學思進程的線性與非線性

　　皮亞傑《發生認識論》從哲學的全面觀點提出問題，以科學實事求是的方法尋求答案；上知天文、下知地理的內涵，網羅世界各國重要認知學者做跨領域的「間際」（in-between）研究；針對自己的三個子女從嬰兒期即著手研究

其智能與語言等發展，展開「行動研究」風潮，力求「實然面」與「應然面」分野事實的尋求印證；他除了擔任日內瓦盧梭教育研究院研究部主任外，一九五五年更成立「日內瓦國際發生認識論中心」，與世界重要國家各領域學者專家合作研究「發展認識論」。五十六歲時更以第一位非法籍人士擔任巴黎大學「發生心理學」的教席之位；二十二歲除榮獲納沙泰爾博士學位外，一九三六年以降更獲頒全世界三十多所大學授予榮譽博士學位；生前榮獲大獎無數，一九八〇年逝世後仍有多卷合著的研究公諸於世……。

一般人認為皮亞傑是「認知發展學」的鼻祖；Elkind認為與其說皮亞傑是一位研究兒童成長和發展等實際問題的兒童心理學家，不如定位其為探索知識本質和知識獲得歷程的發生論（genetic epistemologist）學者，這和皮亞傑一九七二年對自己的研究定位有其異曲同工之妙。

其次，皮亞傑的理論不可諱言的深深影響著「建構論」（constructivism），但兩者之間的立論多少亦有其差異性的存在：Wheatly（一九九一）以為建構論者認為知識是由個體組織統整後，建構至內在認知架構中，因此每個個體需以自己的方式建構知識，透過自己的行動獲取經驗，然後將此新事物賦予意義內化至原有的認知架構；這與皮亞傑認為認知發展是透過認知架構和事實常模間相互協調取得平衡，亦即個體經由同化（assimilation）與調適（accommodation）兩項功能來解釋認識歷程略有不同。

　　探索皮亞傑的「發生知識論」，除了對他全方位跨領域的「間際」研究與其三個子女成長所發生的「行動研究」的理解，他的學說有別於「建構論」的立場，以及他的理論受到生物進化論（biological evolutionism）、理性主義（rationalism）、功能主義（functionism）與實用主義（practicism）、科學歷史的批判心理學（scientific historical critical psychology），以及整體論和個體論等潮流的影響，這些都是我們需得關注的。

二、時空脈絡更迭影響皮亞傑學說的發展歷程

　　皮亞傑的理論演進多少受到時空發展背景的影響，這是讀者在閱讀本書時所需關注之處。1.一九二三至一九三二年代，其論述「同化」和「順應」的認知歷程，受到功能主義分析與詮釋影響。2.一九四〇至一九六〇年代是皮亞傑的結構論者時期，著作中有不少是說明認知發展下的邏輯結構性質。3.一九六〇年代以後不再強調結構分析，而是融入眾多百家思潮的元素，發展與初期不盡相同的「新」功能性分析。除此之外，皮亞傑的信徒也將其理論做了一些符應社會變遷與時俱進的調整，這個認識可以幫助讀者做一見樹、見林綜觀且掌握統整的面向（參見許瑛珆、洪榮昭，二〇〇三）：

　　1. 不再視知識為自我建構的，亦可從他人身上習得。

2. 需對人的非理性部分加以重視，因為人自出生即已浸潤在既成的風俗、習慣和體制中，而皮亞傑的理論中對此部分是略去不提的。

3. 不再認為所有認知發展都是正向進展的，而應視發展即是架構的轉移（frame switching），人的成長不一定趨向於更理性，而是不斷更新心智架構決定人的行為。

4. 應多強調「人際間」構念的研究，而非僅探討「個體」的構念。

5. 強調聚集表徵，Beilin（一九九二）認為皮亞傑的追隨者所提出的新理論，主要有以下二項特性：（1）由強調長度（extention）及事實檢驗（truth test）移轉至強度（intension）及意義（meaning），其解釋模式可視為行為的邏輯解釋學。（2）由強調邏輯的必要性（logical necessity）移轉為邏輯的可能性（logical possibility）。這新的轉變使Neo-Piaget 理論不但承續了皮亞傑的理論，亦融合其他如訊息處理理論的理念。

三、文本載體的閱讀與內化體系的延伸

讀者在進行閱讀時，可進一步參看「皮亞傑年表」與「皮亞傑發生認識論人物簡介」，認識皮亞傑一生的學思歷程，再就作者撰寫此書的「導言」的細讀與再反思也是非常必要的——知識不可能是由認知主體內在結構先行決定的，

而必然是起源於有效且持續建構之後的產物；再者，知識也不可能是預先存在於客體的外在特徵，因爲客體必須透過主體內在結構的中介作用，才得以發生認識……。

作者撰寫皮亞傑《發生認識論》，在導言中一語道破其目的：發生認識論目的，就是要尋求確認各種知識的起源，從最基本形式的認識出發，一路追蹤到發展後端更高層的認識……。本書作者的立論觀點也在此中顯見其立場：我們的論述採取自然主義（naturalist）取向，但不帶有實證論色彩。這種認識論取向凸顯認識主體的活動，而不流於唯心論（idealistic）；同時，還立基於客體，把客體視爲一個界限……。讀者在閱讀時，就可試著以作者「導言」中的觀點，檢視其文本於字裡行間。

本書分爲三章：第一章認識的形式發展（心理發生），內容論述由「認知過程的初始是從何開始進展的？」作者提出如果把問題局限在「古典」的立場，人們所能提問出的就是「傳統經驗主義者」的立場──是不是所有認知的訊息都來自客體，而主體是獲得來自外在的訊息，從而形成知識？另一來自「先驗主義（天賦論）的立場──是不是主體從一開始就具有某些內部生成的結構，並將此等結構加諸客體，從而形成知識？」然而，心理發生學等分析的發現是：知識起源既非來自一個有意識的認知主體，也非起源於已被構成的客體，主客體之間並沒有完全分化爲二，因此知識的起源不存在具有認識意義的主體，也不存在已構成爲可

認識對象的客體；知識的發生仰賴於主客體間眾多中介物的相互進行建構而產生影響，從感覺到運動等活動是如何過渡到概念化思維，也是讀者在閱讀時需要關注之處。

第一章共分六節，作者分有「感覺—運動層級」、「前操作思維階段」（分兩個層級）、「具體操作階段」（分兩個層級）及「形式操作階段」。皮亞傑認為認知發展為結構組織再組織的歷程，每一個新的組織都將前一個組織容納在內，但其行為特徵並未在新的組織中消失，他把認知發展的歷程分成若干單位，稱為「Period」或「Stage」，因此亦稱為階段理論。各個階段雖都列有年齡組距，但只能視為概數而非絕對數，階段並非僅指年齡或平均年齡，乃是指著一種連續進行的歷程。

1. 感覺—運動期（Sensorimotor Period）：出生到二歲左右稱為感覺—運動期，此時期嬰兒主要係透過感官、肌肉和環境交互作用，很容易受外來刺激所引導。這種以組織和協調來認識周圍的世界，此時感官和運動間的協調與合作，成了日後心理動作發展的基礎。此時期的發展特徵包括：反應由外界所引導、開始學習著用語言表達及經由運動進行思考歷程，時空知覺只限於眼前；後期已略有方向感，且能辨認家人以及常見的各種動物及活動。

2. 前操作思維階段（Pre-operational Period）：二到七歲左右，此階段的幼兒開始運用語言；也就是說，幼兒已能藉助語文的符號表徵（representation）作用，從事抽象的思

考以處理各種問號。惟此時期的思考或表徵作用，只不過是把在感覺—運動期所形成的認知結構加以改組而已。此時期的發展特徵包括：自我中心（egocentrism）、能藉單字和符號（概念）功能（symbolic functioning）來說明外在世界，以及內在的自我感覺、對自然的各種現象，採取想像的方式加以說明、行動易受知覺影響、觀察事物只能使注意力集中在某一個顯著的特徵上，此時具有短時距離的過去、現在和未來的時間觀念。

3. 具體操作階段（Concrete Operation Period）：指七到十一歲左右，此一階段兒童能以具體的經驗，或具體事物所獲得的心像作合乎邏輯的思考，不過其運思僅限於解決與具體的、真實的或能觀察的有關事物，尚未進行抽象的邏輯運思。最顯著的是各種保留概念的發展。此時期的特徵包括：兒童能將邏輯思考歷程，應用於解決具體的問題、具有保留概念、由籠統到分化、由絕對到相對，以及由靜態到動態的思考。

4. 形式操作階段（Formal Operation Period）：指十一到二十歲以後，此階段最大特色即「假設演繹思維」（hypothetico-deductive thought）的發展，即運用非現實的素材來進行推理思考。此期的思考多以命題方式呈現，所以又稱命題運思期（propositional operation）。其發展特徵包括：可以藉假設去推理和思考，不必再依賴事物的內容或知覺的事實、智力的發展是多方面的，已能了解無限、宇宙、

時間和空間的概念，能用科學方法歸納推理事物，也能運用各種高層次的邏輯運思，並建立理想的自我中心觀。

第二章原初的有機先決條件（認知的生物發生）共分四節，作者從「拉馬克經驗主義」、「天賦論」、「從本能到智能」及「自我調節」等四方面，加以論述其任職的生物發生的重要觀點。作者開宗明義的提出生物發生是認識論觀點不可或缺的，若不溯及認知發展的有機體根源，心理學的發生就會停留在難以理解的狀態。第一章從「心理」發生的立論出發，與第二章從認知的「生物」發生連結。第三章從重新思考古典認識論問題切入總結，讀者將從中有系統而深入脈絡的探究皮亞傑「發生認識論」的堂奧。作者針對「拉馬克學說」的根本問題缺乏關鍵概念來說明突變和重組，以及自我調節的主動作用；正如同一個「刺激（S）」要引發某一特定「反應（R）」，其先決條件是主體與其有機體間必須能提供該等反應，以及此等反應的能力。這樣的詮釋也正說明同一位老師的講課，每位學生有學習反應不盡相同結果的答案，S-R應該改寫成S（A）R，A是對於刺激和特定反應基模連結的同化作用，此等同化作用才是引起「反應」的根源。此外，「學習」是隨著發展的不同層級而有所變化的，學習的本質依存在「勝任性」的演化，所以認知發展的真正問題，就是要解釋此等「勝任性」的發展。作者提出有關這點不僅是「傳統」概念，對於達到如此目的是不夠的，就連「拉馬克」學說針對「演化」的詮釋也不是盡完善的。

拉馬克的「經驗論」（環境論）事實上要和「天賦論」（或成熟論）兩者之間取得內外相容，以至於經由本能到智能充分發展。若僅歸諸於本能和遺傳、變異和演化的問題，若沒有從生物學方面得到充分解決，那麼認識起源發生的問題依然會是懸而未決。認知結構的生物根源之所以成為必然的事實，是思考外在環境的單獨作用，也不能只是思考純粹有機體內部預先形成的先天結構。檢視兩者迴路當中自我調節，以及有機體內在趨向平衡的傾向。從邏輯、數學、物理的認識論，以及建構論與新穎性的創造論述及止於至善借力使力越來越豐富的資源，更深入的探索與建構更多「發生學」的路徑，相信是皮亞傑以及皮亞傑發生認識論後起之輩們的志業……。

從《發生認識論：人類認知與知識建構的發生學原理》來看——「兒童與成人是認知上的異鄉人」，這個來自異鄉的異客，以成人的觀點來看：思考的內容不同，說話的語言也不同……他引領著自己（兒童）成為一位發現者、發明者與創客者，而成人的責任，便是扮演著引導他們走向這條道路的先驅者：

> 「教育方法是用來教育人的，用訓練動物的方法，不但不合人性，效果也有限。教人的教育方法，不但如科學般有條理、有步驟，又要在運用方法時，伸縮自如，恰到好處；如書法之道勁

多變、如繪畫之微妙傳神、如歌聲之沁人肺腑，
乃是高度的『藝術』」。（賈馥茗）

導讀著皮亞傑《發生認識論》，期待著親師長者有著
「蝴蝶蛹」羽化的等待（藝術），也有著「自慢」絕活壓箱
寶專業的運用（科學）……。

目 次

導言

　　很高興有此機會，撰寫這本皮亞傑的《發生認識論》
（épistémologie génétique [genetic epistemology]）小書，來
論述人類認知與知識的發生學原理，並藉此重申有必要給
予此一重要想法更為顯著的地位。雖然，我和同僚在此領域
（發生認識論）的集體研究似乎證實個中想法的重要性，但
仍未獲得廣泛接受。我們的研究發現，知識不可能是由認知
主體內在結構先行決定的，而必然是起源於有效且持續建構
之後的產物。再者，知識也不可能是預先存在於客體的外在
特徵，因為客體必須透過主體內在結構的中介作用才得以發
生認識，客體的外在特徵吸納入主體的架構作用（encadrant
[framing]，即便只是將其置放到一組可能性之中），從而豐
富之。換言之，所有知識的發生都包含新穎精進優化發展
（élaboration nouvelle [novel elaboration]）面向；因此，認
識論的重要議題就是，必須將此等新穎事項的創造，與後述
兩個相關層面的事實相互呼應：（1）在形式方面，新穎事
項一旦精進優化發展，就必然伴隨產生連結關係；（2）在
現實方面，新穎事項，而且僅僅只有新穎事項，才使客觀性
有可能成立。
　　關於非先行形式結構（structures non préformées [non-

preformed structures]）的建構問題，事實上，已是相當古老了。雖然，大多數知識論學者多半支持的假說，如果不是傾向先驗論者〔aprioristes [*a priorist*]，事實上，目前還有些則趨向天賦論者（innéisme [innatism]）〕，否則就是傾向經驗論者（empiristes [empiricists]），他們主張，知識從屬於先行存在於主體或客體的特定形式。目前，所有辯證取向都強調新穎性概念，並且致力於提出由正題（thèses [theses]）和反題（antithèses [antitheses]）持續交互作用，正反合而產生「超越」（dépassements [transcendence]），用以闡明新穎性的概念。在科學思想史的領域，無可避免，提出觀點改變的問題，乃至於庫恩（T. Kuhn）提出的「典範（paradigmes [paradigms]）革命（révolutions [revolutions]）」的問題；例如：布朗胥維克（L. Brunschvicg）的認識論，就提出知識根源的理性具有可變動的動態本質。在心理學領域，鮑德溫（J. M. Baldwin）的「發生論邏輯」（logique génétique [genetic logic]），對於認知結構的建構，提出了深刻洞見。此外，還有許多諸如此類的其他論述可供參考引述。

　　但是，發生認識論爲什麼要提出探討如此的議題呢？基本上，乃是出於如後雙重意圖：（1）要建立一種可以提供控制和實證檢驗的方法；（2）尤其是要追本溯源，也就是追溯到知識發生的最初起源點；相對地，傳統的知識論則是只關切到高層級的認識；換言之，只論及認識結果的某些

特定結果或產物。因此，發生知識論目的，就是要尋求確認
各種類知識的起源，從最基礎形式的認識出發，一路追蹤到
發展後端更高層級的認識，其中也包括科學思維。雖然在本
質上，這種類型的分析涉及心理學實驗的成分，但也不要跟
純粹的心理學研究混淆不分。在這方面，心理學家倒是理
解得相當清楚。在美國心理學會（American Psychological
Association）頒給我的獎狀，其中就有這樣一段饒富意涵的
陳述：「他堅定使用實徵方法，研究迄今一向純屬哲學
的問題，從而使認識論成為與哲學有所區隔的科學，與
所有人類科學有所關聯。」當然，也沒有把生物學遺忘。
換言之，這個美國大型學會相當友善認可，我們的研究工作
包含了心理學的面向，不過正如這份獎狀進一步指出，此等
面向乃是*副產品*；再者，他們也正確指出，我們的目標在本
質上乃是認識論的。

關於回溯到發生起源的必要性，正如「發生認識論」
這個複合名詞字面所顯示，我們還必須正本清源，從一開始
就釐清可能的誤解，否則要是誤以為我們是主張，在研究上
把認識的起源跟持續建構的其他階段對立起來，那將會衍
生茲事體大的不利影響。與此相反，從研究發生的起源或若
干起源，獲得的重要心得就是顯示：從來就沒存在所謂絕對
最初的發生起始點。換言之，我們必須說，所有一切都是發
生起源，包括現代科學最新理論的建立也不例外；或者我
們必須說，諸如此類的發生起源乃是無限回溯延伸的，因

為最基礎的心理發生（psychogénétiques [psychogenetic]）
階段本身，在某些方面，也總是發諸於若干前行的有機發
生（organo-génétiques [organo-genetic]）階段，諸如此類等
等。因此，堅持有必要投入發生學的探究，並不意味著，我
們就必然要指派特權地位給某個特定階段，將其視為絕對最
初的發生起源。反之，我們應該更注意，存在某種未有明確
固定的建構，並強調為了要理解此等建構的原因和機轉，就
有必要去瞭解個中涉及的全部階段，或至少應探索盡可能最
多數的階段。如果我們一直堅持把較多心力聚焦於兒童心理
學和生物學方面的認識開端問題，這並不是因為我們認為，
其中有著幾乎絕對必然的重要性，而單純是因為，在過往認
識論學者的論述當中，幾乎完全漠視此等觀點。

因此，所有來自其他科學領域有關認識的資訊，乃是至
關重要的，就此而言，發生認識論要強調的第二個特點就是
堅決的跨學科屬性。事實上，發生認識論的特定問題是關於
認識的成長問題，一般而言，就是在內涵（compréhension
[connotation]）和外延（extension [extension]）上，從比較
不完善、貧乏的認識過渡到相對較為豐富的認識。目前，所
有科學總是處於發展之中，而不認為現狀是固定不變的，雖
然科學史上曾對此抱持幻想，例如：反對伽利略者抱持的亞
里斯多德主義，或是某些現代物理學家追隨的牛頓主義。廣
義而言，發生學的問題含括所有科學知識的進展問題，其中
包括兩個面向：一方面，是對於認識有關聯的各方面事實的

問題（特定層級的認識有何特徵，以及從某層級如何過渡到下一層級之類的問題）；另一方面，是關於認識的實效性問題（validité [validity]，評價認識的進步或退化問題，特別是在形式結構方面的進步或退化）。所以很清楚，發生認識論的任何研究，不論所關切的是兒童某些方面的認識之發展（例如：數字、速度、物理屬性、因果關係等），抑或是某些科學相對應分支在思想上的演變，都需要預設所研究科學認識論的各學科專家合作，例如：心理學、科學史學、邏輯學、數學、模控學、語言學等研究學者等等。在我們日內瓦國際發生認識論中心（Centre international d'épistémologie génétique），所有的研究基本上都是遵循採用團隊合作。因此本書接下來呈現的，在許多方面，都是集體合作的研究成果！

　　不過，這本小書目的，並不是要回顧此中心的歷史，甚至也不是要去詳細總結此中心出版的各卷《發生認識論研究報告》（*Études d'épistémologie génétique* [*Studies of Genetic Epistemology*]）[1]。在這些《研究報告》中，可以找到我們完

---

[1] 在本書各章節行文當中，當我們引述各卷《發生認識論研究報告》（*Études d'épistémologie génétique* [*Studies of Genetic Epistemology*]）時，會採用《研究報告》（*Études* [*Studies*]）的簡稱，並附上特定的卷數，例如：《研究報告》第 N 卷。完整書目，請參閱本書末收錄的參考文獻卷目。

成的研究結果，還有各年度年會期間討論的報導，讀者可以發現其中重點在於聚焦持續進行的各類研究。我們這本書的用意很單純，只是要指出發生認識論的若干普遍趨勢，以及舉出主要事實，以茲作為證成此等趨勢的根據。因此，本書的章節組織相當簡單：第一章，分析認識在心理發生方面的資料；第二章，分析認識發生的生物學前提條件；第三章，回頭重新考量古典的認識論問題。對於這樣的章節組織，有需要作一些說明，因為這當中前兩章，表面上看來可能讓有些人覺得沒有必要。

我們常使用心理學術語，尤其是描述認識涉及的心理發生（psychogenèse [psychogenesis]，本書第一章）。不過，認識論學者讀心理學研究報告並不多，而這是可以理解的，因為心理學研究通常並不明顯處理認識論者關切的問題。因此，我們在本書的探討將試著，盡可能集中在有認識論重要意涵的心理學事實，這樣的聚焦呈現方式可算是新的嘗試手法，其中將納入大量未發表的因果關聯性的心理學研究報告。至於認識的生物學根源（本書第二章），自從出版《生物學與認識》（*Biologie et connaissance* [*Biology and Knowledge*], Gallimard, 1967）以來，當初書中觀點至今幾乎未有太多調整，然而現在這裡（本書第二章）需要能夠使用低於二十頁的篇幅來概述，《生物學與認識》全書四百三十多頁的內容，所以我們希望讀者能諒解我們採取這種新方式，扼要提出認識的有機[生物]起源，確立如此前提

是不可或缺的，這樣才好證成發生認識論對於主客體諸多關係所提出的詮釋。

　　總之，讀者將會在本書發現，我們對於認識論的論述是採取自然主義（naturaliste [naturalist]）取向，但不帶有實證論（positiviste [positivist]）色彩。這種認識論取向凸顯認識主體的活動，而不流於唯心論（idéaliste [idealistic]）；同時，還立基於客體，把客體視為一個界限（limite [limit]，亦即客體乃是獨立於認識主體而存在，並且認知主體無有可能完全觸及之）。最重要的是，這種認識論把認識看作持續不斷的建構，而這方面也是發生認識論引發最多問題的地方，我們在本書將會針對這些地方，試著提出適切的探索問題，並且展開充分的討論。

第一章 認識的形式發展（心理發生）

　　知識發展研究追溯根源（暫且不論及生物層面的先決條件），都有個優勢，得以提供可能的答案，幫助回應認識論領域尚未獲得解決的問題如後：「初始的認知過程是從何開始進展？」如果將問題侷限於古典的立場，人們所能提問的就只能是兩大極端類型：（1）採取傳統經驗主義者的立場，「是否所有認知訊息都源自於客體，而主體是獲得來自外在的訊息，從而形成知識？」；（2）與前述立場相反，採取各式各樣的先驗主義或天賦論，「是否主體從一開始就具有某些內部生成的結構，並將此等結構加諸客體，從而形成知識？」但是，即使擴大在這兩個極端之間各種細微差異觀點（理念史早就相當清楚顯示，可能存在的組合立場數量有何其之大），儘管如此，似乎還是存在普遍接受的認識論公設，亦即假設：（1）存在一個主體，在所有認識層級上，或多或少有意識到自身的認知能力（即便此等能力化約爲僅只是對於客體的知覺）；（2）有客體存在，主體得以認知之〔即便此等客體化約爲僅只是主體所見的「現象」（phénomènes [phenomena]）〕；尤其是存在某些交流或控制工具（instruments d'échange ou de conquête [instruments of exchange or control]），得以決定主體到客體，或客體到主體，兩者之間的通路。

　　不過，心理發生學分析的初步發現，卻似乎與前述假設相矛盾。一方面，知識的起源既不是來自一個有意識的認知主體，也不是起源於已經被構成〔作爲可認識〕的客體

（從主體的角度來看），這樣的客體會把自身印刻在主體的認知官能。知識其實是主客體之間相互作用的產物，這種相互作用發生在主客體之間的中途，因此同時落在主體和客體而為一個整體，主客體並沒有完全分化為二，因此並不是明確分別的兩事物之間的交流互動。因此，從另一方面來看，如果在知識起源處，不存在具有認識意義的主體，也不存在已構成為可認識對象的客體，並且也不存在固定不變的交流工具，那麼，關於認識的初始問題就是，如何來建構這些中介物（médiateurs [intermediaries]，亦即前述主客體之間的交流工具）：此等中介物被引進身體本身和外界事物的接觸區，然後它們會越來越投入參與外部和內部相互補充的雙重發展，主客體的整合精進優化發展（élaboration solidaire [solidary elaboration]），正是仰賴於此等中介物的雙重前進式建構（double construction progressive [twofold progressive construction]）。

實際上，最初始的交流工具或中介角色並不是知覺，即便為理性主義者（rationalistes [rationalists]）往往太輕率就讓步，接受了經驗主義的如此觀點，但扮演中介活動角色的其實有著可塑性大得多的活動。當然，知覺的確也扮演了不可或缺的角色，但知覺的作用需要部分地依賴於整個組群的活動，而且某些可能被認為天生或非常原始的知覺機制〔例如：米齊特（A. Michotte）的「隧道效應」（effet tunnel [tunnel effect]）〕，其實是到了客體建構的某種層

級之後才開始形成的。一般而言，所有知覺結果都會給所知覺到的元素賦予某些與活動相關聯的意義〔在這方面，布魯納（J. Bruner）就曾提出「同一作用」（identifications [identifications]），請參閱《研究報告》第六卷第一章〕，因此頗適合從活動來開始著手研究。在這方面，我們會區分爲兩個前後連續的時期：（1）在尚未有完整語言或完整表象概念化（conceptualisation représentative [representative conceptualization]）活動之前的感覺—運動（sensori-motrices [sensori-motor]）時期；（2）語言和表象概念化這些新屬性活動爲主要構成元素的時期，因應而起的問題就是，語言和表象概念化如何意識到活動的結果、意圖、機制等；換言之，就是從感覺—運動等活動過渡到概念化思維。

第一節　感覺—運動層級

關於感覺—運動的活動，鮑德溫（J. M. Baldwin）很久以前就曾指出：沒有任何證據顯示，幼兒擁有任何的自我意識，他們也還沒能分辨內在和外在資料之間的穩固界限；這種「非二元論」（adualisme [adualism]，亦即物我混淆不分），會一直持續，直到兒童建構出自我概念，有可能來對應又對立自我和他者（包括他物），前述物我混淆不分的非二元論狀態才會退去。在這方面，我們希望可讓讀者看得很明白，在兒童的原始宇宙還沒納入永久的客體，如此情況

一直持續到兒童對於有別於自己的他人開始發生興趣，正是經由如此的情況，才同步建構出兒童認知世界裡的永久客體。此等結果已獲得古安—迪卡里（Gouin-Décarie）實驗詳細證實，他的實驗研究是要探討，物質客體的永久性，以及佛洛伊德（S. Freud）所謂的「客體關係」（relations objectales [object relations]，亦即對於他人感興趣而產生的關係），這兩者是否與如何同步發生。在不包含主體，也不包含客體的現實結構中，很明顯地，唯一可能提供日後發展出主客體分化的連結就是由活動所構成的；不過，我們所想的是一種特定類型的活動，其認識論意涵頗能發揮教學方面的效益。事實上，不論是空間領域，或是各種不同的知覺範疇，在建構過程中，嬰孩總把所有人、事、物都與自己身體關聯起來，好像自己就是世界的中心，不過卻沒能意識到其自身的中心。換言之，兒童最早期的活動見證了主客體之間完全沒有分化（indifférenciation [undifferentiation]），在此同時，也顯示出兒童根本的自我中心化（centration [centration]），這是因為他們根本沒有意識到主客體完全沒有分化的狀態。

但是，在前述這兩種特徵之間，可能有什麼關聯呢？如果主體、客體之間是如此的無有分化，乃至於主體甚至不知道自己就是那活動的源頭，那麼，為什麼主體的注意在聚焦外界的同時，行動卻又可能以自己身體為中心呢？我們用來指稱此等自我中心化傾向的術語：根本自我中心

主義（égocentrisme radical [radical egocentrism]）似乎很可能，反而引出有意識的自我這樣的涵義（儘管我們很謹慎避免如此的不當聯想）〔這其實更近似於佛洛伊德的自戀（narcissisme [narcissism]），指的是沒有自戀者的自戀。〕事實上，前述兩種特徵（初始活動當中的主客體無有分化和自我中心化）都和第三種共通的特徵有所關聯，那就是，各別活動彼此之間尚未共通尺標化〔協調化〕（coordonnées [co-ordinated]）成為整合的一體，而是各自構成一個小小的孤立個體，直接把身體和客體連結起來（例如：吸吮、注視、抓取等）。順著這樣的理路下來，當然就有了主客體的缺乏分化，因為主體只能在後來階段透過自由的共通尺標化自身活動，才可能肯定其自身的主體性；而客體只能透過順應或反抗系統共通尺標化的運動或位置，如此才得以建構成為客體。另一方面，只要每一活動仍然還是孤立的個體，那麼這些個體之間唯一共同和穩定的參照點，就只能是活動者自己的身體，從而自然而然關注自己的身體而產生自我中心化，儘管不是隨意志主宰的，也不是有意識的。

　　為了驗證前述這三項特徵（活動的缺乏共通尺標化、主客體的缺乏分化、自我身體的中心化）之間的連結關係，我們只需要回想，孩童初始階段到十八至二十四個月大之間〔這個階段的一個關鍵特徵，就是開始出現符號功能（fonction sémiotique [semiotic function]）

和表象智慧（intelligence représentative [representational intelligence]）〕，都發生了哪些事情：在這從一歲到兩歲的期間，事實上，發生了一場哥白尼式的革命，當然個中活動還只是在實物的層級。所謂哥白尼式的革命（révolution copernicienne [Copernican revolution]），我們的意思是指，主體活動不再以身體爲中心，而是把各活動看成空間所包含的諸多客體當中的一個；再者，主體開始意識到自己是活動的來源，乃至於發起運動的主其事者，在共通尺標化作用下，原本各自孤立的活動也統整起來。事實上，個中第三項新穎特徵，亦即活動的共通尺標化作用，就是促成另兩項特徵發生的先決條件。首先，我們觀察到，在感覺運動階段先後相連的兩個層級，活動之間逐漸出現共通尺標化作用；這時期的活動之間，不再像先前那樣各自形成孤立的整體，而是經由雙向同化（assimilations réciproques [reciprocal assimilations]）的基本互動，或快或慢地達到共通尺標化，終於能夠完成建構手段和工具之間的連結，而這也正是人類智能的關鍵標誌。如此一來，主體就建構而成爲活動的來源，從而也成爲知識的來源。由於任何兩活動取得共通尺標化的前提，是必須先有起始能動性（initiative [initiative]）。此等起始能動性啓動的共通尺標化作用，超越於外界客體和主體自我身體之間，那種原始行爲當中的直接〔無中介〕、相互依存（interdépendance immédiate [immediate interdependence]）。但是，活動的共通尺標化相

當於使客體發生位移，一旦此等位移取得共通尺標化定位，逐步闡明發展的「位移群」，就有可能決定把諸多客體安排分配到特定先後次序的位置。客體因而獲得了特定的時間—空間永久性（permanence spatio-temporelle [spatio-temporal permanence]），而因果關係也獲得空間化和客觀化。主客體的如此分化，導致客體逐步增進實體化（substantification [substantification]），而這也可以用來澈底解釋觀點的完全逆轉，主體開始把自己身體看作是時間—空間化和因果關係化宇宙的諸多客體當中的一部分，他逐漸學習對這宇宙做出有效力的動作，在此同時，他也逐漸成爲這宇宙不可分割的一部分。

　　總之，主體的活動共通尺標化，脫離不了主體歸屬到現實的時間—空間和因果關係等屬性，既是主客體發生分化的根源，也是實物活動層級消去自我中心化的根源；這些跟符號化功能的同步出現，使得表象或思維有可能來到。不過，此等共通尺標化，儘管侷限於實物活動層級，其本身卻提出了一項認識論的問題。而且爲此目的而引發的雙向同化，乃是前述那些新特徵的首先例子，此等同化不是先行決定的，然而又成爲「必然」而出現，而這些也正是標誌著認識發展過程的特徵。因此，有必要從一開始就強調指出這一點。

　　經驗主義發想的心理學，有一個獨特的核心概念就是心理聯想（association [association]），這是由休姆（Hume）首先發展提出，至今仍受到行爲學派和反射論學

派（réflexologiques [reflexological]）所秉持。但是，聯想這個概念只有指稱所連結的元素之間的外在聯繫；相對地，同化的理念（請參閱《研究報告》第五卷第三章）則是隱含著，把進來的元素整合到先前就已存在的結構之中，抑或甚至是按照基本基模的形式，而建構出新的結構。至於彼此之間尚未共通尺標化的原初活動，則可能有兩種情況：在第一種情況，結構是早已存在於遺傳的（例如：吮吸反射），而同化只在於將有機體先天未建置的新客體納入結構之中。在第二種情況，則是前所未曾見過的；比方說，有小嬰孩嘗試想抓高處懸掛的客體，但沒有成功，只稍微碰到了一下子，如此引起的晃動是前所未知的情景，小嬰孩對此感到新奇有趣。然後，他將會嘗試再找回該等事情，這就可以稱為再生產式的同化（assimilation reproductrice [reproductive assimilation]，亦即是使得同一情景再生，或重複出現），如此就生成了一種新的基模。當另一個懸掛的客體出現時，這嬰孩會把這新的客體同化到該基模，這就有了再認識的同化（assimilation récognitive [recognitive assimilation]）。當嬰孩在這新的情況下，重複該等活動時，這就是一種類化式的同化（assimilation généralisatrice [generalizing assimilation]）。再生產（重複）、再認、類化，這三個方面的同化可能緊密相互跟隨。

因此，我們有必要提出說明，由相互同化所產生的活動的共通尺標化，對於過去而言，既具有新穎性，同時又是舊

有機制的延伸。在其中，我們可以辨識兩個階段。第一階段主要是一種延伸：個中包括同時把同一客體同化到兩個新的基模，從而開啓了相互同化的過程。比方說，如果靜止或搖晃的客體發出聲音，它就可能，依次或同時地，成爲嬰孩想要去看或去聽的某種東西，結果就產生了相互同化，除了可能促成其他事情之外，還促使嬰孩去搖晃任何一種玩具，看看結果會發出什麼聲音。在這種情況下，手段和目的相對而言仍是沒有分化的，但是到了第二階段重點放在新穎性上，嬰孩會在能夠達到目標之前，先給自己設立一個目標，並運用各種不同型態的同化基模，作爲手段，以便實現該等目標。比方說，他們可能透過搖晃身體，諸如此類的方式，藉此來晃動搖籃的頂部，以便那懸掛於高處、他們自己手沒辦法碰觸到的玩具，得以因此而隨之搖晃起來，從而發出他們感興趣的聲音。

　　這些萌芽期的開端可能看起來毫不起眼，但是我們還是得以看到其中有一個過程在起作用，並隨著時間推移而變得越來越明顯。個中根本重點，就是把從客體本身得出的抽象，或是從實施到客體之活動基模得出的抽象，結合起來，從而建構新的組合。所以，爲了要能夠辨識出某個懸掛的客體是可以搖晃的，首要之務，就需要能夠對客體進行抽象化。另一方面，相對於先前那種手段和目的尚未分化、沒有特定順序的活動，把手段和目的共通尺標化，協調出所要實現的各種動作之間的適當順序，這就是一種新穎性；但是，

這種新穎性乃是自然而然習得的，也就是在此等活動過程當中，自然而然協調出完成此等共通尺標化所必需的順序、重疊等關係。在如此情況下，抽象就不再是先前那類型的抽象了，而會轉趨向我們之後將會稱為反身抽象〔abstraction réfléchissante [reflective abstraction]；對抽象（作為內容）的抽象（作為形式）〕的那種新型態的抽象。

因此，我們可以看見，從感覺─運動層級以降，新發展出現的主客體分化將有兩個標誌性的特徵：一個是共通尺標化的形成，另一個是區分出兩類的共通尺標化：一類是，把主體的各種活動彼此連結起來的共通尺標化；另一類是，與諸多客體彼此之間的動作有關的共通尺標化。

第一類共通尺標化，涉及把主體的特定活動或活動基模集結起來，或是分解開來；對其進行包含、排序、配對等；換言之，它們構成了最初始型式的普通共通尺標化，邏輯─數學結構（structures logicomathématiques [logico-mathematical structures]）就是以之為發展基礎，其後續發展會相當可觀。第二類共通尺標化，則是賦予客體時間─空間向度的組織，使其在運動學或動力學方面能夠類比於活動所具有的結構。第二類的共通尺標化合在一起，就構成了因果結構的起點，此等因果結構已經有相當明顯的知覺─運動上的展現，其後續發展也與第一類的演化發展同樣重要。相對於前述的普通共通尺標化，主體施於客體的特殊活動涉及因果性，其程度取決於主體對客體或其安

排方式所造成之物理改變的程度〔例如：工具型的行為
（conduites instrumentales [instrumental conduct]）〕；另外
還涉及前邏輯的基模化（schématisme prélogique [pre-logical
schematization]），其程度取決於對具有形式性質（例如：
次序等）的普通共通尺標化的依存程度。

　　因此，儘管某些哲學學派，例如：邏輯實證論
（positivisme logique [logical positivism]），過於高估了語
言對認識之結構化的重要性；在我們來看，甚至早在語言形
成之前，認識的結構化就已經開始了。具體而言，認識的結
構化是建構在活動的層級，行動本身具有邏輯數學性質和物
理性質的兩極性，一旦活動之間開始浮現出共通尺標化，還
有主客體之間透過交流工具日益優化而開始分化，拜這些因
素之賜，認識的結構化就立即隨之啓動了。不過，這些認識
結構化的本質仍然是屬於物質屬性的，因爲是由活動建構而
成的，並且在它們能夠內化爲操作思維之前，還需要經歷一
段漫長的發展演化過程。

第二節　前操作思維階段的第一層級

　　人類嬰孩初期的原始活動，活動彼此之間沒有共通尺
標化，也沒有充分條件得以確保主客體之間發展出穩定的分
化。隨著主客體經由活動共通尺標化而產生分化，這當中有
了相當大的進展，從而也提供了充分的條件，確保認知交

互作用最初工具的存在。但是，這些只發生在單一且相同的層級，亦即實際且有實效（effective et actuelle [effective and actual]）的活動層級；換言之，還沒有達到概念系統的反身運作（réfléchie [reflected]）的活動層級。就其作用而言，感覺─運動智慧的基模（schèmes [schemas]）還不是概念，因為還不能被思維所操用，只有在實踐和物質運用的當下，才得以發揮作用，嬰孩完全不知道，它們作為某種基模的存在，因為他們還不具備符號系統，所以沒辦法用來指稱〔該等感覺─運動智能〕，並且容許對其產生意識。相對地，隨著語言、象徵遊戲、心理意象等的出現，情況就有了顯著的改變：在某些情況下，在那些保證主客體之間存在直接、相互依存關係的簡單活動之上，加上了一種新型態的活動，此等活動除了受到內化之外，並且有了更為精確的概念化；比方說，主體除了要有力量讓客體從位置A移動到位置B，還要有能力表象再現AB之間的運動，並且能夠在思維中發想其他可能的位移。

但是，我們可以看見，從一開始，活動的這種內在化就存在著明顯的難處。首先，對於活動的有意識覺察（la prise de conscience [the catch of consciousness]）頂多只能是局部的：主體或難或易能夠表象再現AB的位移路徑，以及粗略表象再現自己所執行產生的客體運動，但是很多細節難以面面顧到；即使成年人也會覺得困難重重，很難把自己出力移動客體位置時，身上肢體前進過程中的各種

屈曲和伸展，轉化成概念或視覺形象化，來完成相對精確的表象再現。因此，有意識的覺察需要經由選擇和表象再現基模化（schématisation représentative [representative schematization]）從而得以進行，這當中已經隱含涉及概念化。

再者，在知覺—運動層級，各種運動諸如*AB*、*BC*、*CD*等的共通尺標化，可能會達到一群組位移的結構，各局部位移之間的過渡受到所確認的知覺指標（indices perceptifs [perceptive indices]）引導的程度（個中指標的先後順序，可以確保引導各位移之間的連結關係），從而決定各位移的共通尺標化取得位移群組結構化的程度。另一方面，如果想要使用概念來表象再現如此的系統，那就涉及需要有另外一種表象化，得以把個中先後元素轉化爲幾乎同時在場的一組元素，包括意識的基模化，以及把時間先後相繼出現的諸多活動，壓縮成爲單一行動就可同時容納時間先後順序諸多活動的表象整體，這就導致需要面對解決如後的問題：必須以新的條件來進行共通尺標化，讓活動的內在基模（schèmes immanents [immanent schemes]）得以轉化成爲可流動的概念（concepts mobiles [mobile concepts]），透過如此的概念有可能表象再現活動，而超越該等活動。

實際上，如果認爲，以表象或思維的形式把活動內化（intériorisation [interiorization]），只需要涉及追溯此等活動的行進過程，或是利用符號或記號（心理意象或語言）來

想像此等活動，而無需大幅修改或豐富該等活動本身，那就把此等內化想得太簡單了。在現實中，如此的內化就是概念化；換言之，個中涉及的就是把活動的基模轉化成為名符其實的概念，即便只是相當初階的概念〔就此而言，我們或許應該稱之為「前概念」（préconcepts [pre-concepts]）〕。由於此等基模不是思維的對象，而是被化約為活動的內在結構，至於概念則是表象和語言所操弄的對象，因此我們當然可以說，活動的這種內化需要投入在高級層級的新建構，從而發展出一系列越來越精細化的新穎性結果，而且這些都不能化約為較低層級的工具。

　　要讓前述論點得以取信於人，我們只需要注意下列事實：在知覺─運動層級智慧或活動習得的，並不是一開始就能向上促成思維產生充適的表象再現。比方說，我和澤敏絲卡（A. Szeminska）檢視四至五歲孩童，結果發現，他們完全知道，如何沿著住家走到學校，也能夠逆向從學校走回住家；然而，他們卻還沒有能力使用途中出現的主要參照標誌物（例如：建築物等），來表象描述該條路線。更具普遍意義的是，我和英海爾德（B. Inhelder）針對心理意象所做的研究〔請參閱《嬰孩的心理意象》（L'Image mentale chez l'enfant [The Children's Mental Picture]）〕，結果顯示，孩童有相當程度仍著眼於活動對應概念的層級，而還沒能自由使用意象來表徵再現，這一事實在轉化甚或在簡單運動當中都是很明顯的。

　　關於感覺—運動層級的活動與內化或概念化的活動之間的落差，個中根本理由在於：感覺—運動層級的活動，即便已經跨入能夠在若干活動基模之間建立共通尺標化的程度，基本上，還是在於建構主客體之間一系列前後相繼的中介物，並且這當中每一中介物都仍然屬於純粹的外在、實體之物。確實而言，雖然這階段已經伴隨有主客體分化的情況，但是不論主體或客體，都還沒能賦予當下目前特徵之外的任何特徵。相對地，在概念化活動層級，活動的主體（無論是自我，還是任何其他對象），都被設想爲具有持久的屬性〔謂詞〕（prédicats [predicates]，或關係）；活動的對象也是如此。再者，活動本身也被概念化，而成爲關於諸多與料〔既與〕（donnés [given]）或其他類似事項之許多表徵當中的特定轉化。因此，由於思維的中介作用，活動就被置放於一個寬廣許多的時間—空間脈絡，從而被賦予新的地位，擔任主客體之間交流的中介工具。事實上，隨著思維在表象方面的進展越來越提升，思維與客體在時間—空間的距離也會越來越擴大；換言之，一系列不同時間點前後相繼的實物活動，每一個時間點的活動都可以用一組表象來再現，從而得以讓人幾乎同時思考一整個群組的活動或事件（含括了時間上的現在、過去和未來，以及空間上或遠或近的距離）。

　　因此，一方面，在前操作階段的表象認知（connaissance représentative préopératoire [preoperational representative cognition]），從一開始，就會在兩個方向有

相當大的進展：（1）主體的內部共通尺標化，從而發展出未來的操作結構或邏輯—數學結構；（2）客體之間的外部共通尺標化，從而發展出廣義的因果關係，個中包含了空間結構化和運動感知結構化（structurations cinématiques [kinematic structuring]）。在第一個方向，事實上，主體很快就有能力執行基礎的推理，依照空間結構進行分類，以及建立對應關係等。在第二個方向，孩童很早就會開始問「為什麼？」這也標誌著他們已經開始會要求因果解釋。

從這當中，我們可以見識到，對於感覺—運動階段而言，若干新浮現的本質特點。這些特點的存在，並不能僅僅歸因於語言傳遞的緣故，比方說，聾啞孩童雖然礙於社會刺激不充足，因此相較於正常孩童發展較為遲緩，但他們其實擁有和正常孩童類似的認知結構。所以，認知工具精緻化的發展過程浮現的此等根本轉捩點，不能只歸因於語言，而應該歸因於普遍意涵的符號功能，此等符號功能的起源則是來自孩童日益進化的模仿行為（模仿是感覺—運動階段最近似表象化的行為，但卻以動作的形式表現出來）。換言之，從感覺—運動行為過渡到概念化活動，不僅有賴於社會生活，也需要有前語言智慧（intelligence préverbale [pre-verbal intelligence]）一整體的進展，同時還需要模仿行為的內化，成為一種近似表象化的函式。如果沒有這些局部來自主體內生的先決條件，那麼孩童就不可能習得語言，也不可能發生社會傳遞或互動（transmissions et interactions sociales

[social transmissions and interactions]），因爲此等先決條件
乃是構成此等孩童發展事件可能發生的必要條件。

不過，另一方面，很重要的是，我們也不要輕忽了，
此階段萌生的新穎特徵也有其侷限，因爲從認識論的觀點來
看，它們的負向層面，在某些方面而言，也和它們的正向層
面一樣值得關注。比方說，觀察個中負向層面，我們可以
看到，孩童很難把自身和客體分離出來，而且此等困境似乎
比一般想像得還要持續更長久的時間；再者，他們也很難不
依賴因果關係，而得以精進發展邏輯數學的操作；這是可以
理解的，因爲正是需要有主客體分化作爲基礎，然後才可能
促成發展解釋因果關係的能力。在這裡，我們或許可以問一
問，爲什麼兩、三歲到七、八歲的孩童，仍然停留在前操
作階段？還有，在五、六歲孩童達到準邏輯（semi-logique
[semi-logic]，稍後，我們將針對「準邏輯」的意思提出分
析說明）的子階段之前，爲什麼我們甚至還有需要提出討論
所謂的第一個子階段，在該階段期間，最初的「組構式函
式」（fonctions constituantes [constituent functions]）尙未獲
得精進發展呢？我們認爲，個中理由可能在於，從活動到思
維，或是從感覺─運動基模到概念的過渡，並不是像革命一
樣驟然就完成了，而是歷經緩慢而費力的分化過程，個中分
化過程則有賴於同化的轉化。

達到完滿狀態的概念，會有一種特有的「同化作用」
（assimilation [assimilation]），基本上，就是把符合的客體

歸類到該概念之下，以及列出該等概念所屬客體的共通特性。暫且不論及操作的可逆性（réversibilité [reversibility]）或遞移性〔傳遞性〕（transitivité [transitivity]）等概念，在這裡，讓我們舉幾個例子來看，同化可以說就是，因為所有的*A*都具有共通的特性*a*，而可以相互同化，所以能夠把這些*A*全部歸為同一類。再舉一例，同化可以說就是，因為所有*A*除了具有特性*a*之外，它們還全部都具有特性*b*，因此可以把*A*和*B*同化，從而肯定所有*A*也都是*B*。或者，另一方面，因為並非所有*B*都有表現出特性*a*，所以不可以把*A*同化到*B*，從而必須結論，並非所有*B*都是*A*，而只有某些*B*是*A*；其他還有更多類似的例子。因此，客體之間的這種同化，形成了分類的基礎，也帶來了概念的第一個基本屬性：使用「全部」和「部分」之類的量詞來加以規定。另一方面，在屬性*x*涵蓋的寬窄範圍內（即便只表達某種共同屬性，決定某一類別的共同成員資格），客體比較當中所固有的同化就會指派給一種相對性，而概念上的同化也會形成如此關係，從而超越了單純只使用謂詞歸屬所固有的那種虛假的絕對性。

　　至於感覺—運動基模所固有的同化，相較於前述概念上的同化，則有兩點本質上的差異：（1）由於缺乏思維或表象，主體完全不知道感覺—運動基模的「外延」（extension [extension]），沒有能力喚起目前實際知覺以外的其他情境，只能從「內涵」（compréhension [connotation]）來判

斷，也就是藉由先前情境的直接類比特性，從而來判斷目前的情境。（2）這種類比並不是喚起先前的情況，而只是在當下情境中再辨認與先前情境類比的若干知覺特性，從而觸發相同的活動。換言之，此等基模的同化會把客體的特性納入考量，不過這只發生在知覺到此等特性的時刻，而且在考量當中，客體的特性和回應的主體活動之間乃是不可分割（除非在某些有因果關係的情境，個中所預期的活動就是客體本身的活動，亦即經由與主體的活動類比而歸諸於客體的那些活動）。總之，感覺—運動基模的同化和概念上的同化，在認識論上的重大差別就是：感覺—運動基模的同化，仍未能適切區分客體的特性和關聯於該等客體的主體活動的特性；相對地，概念上的同化，則只關注在客體，但是能夠考量到在場和不在場的客體，因此得以促使主體擺脫對當下情境的依賴，從而給予主體有能力，以更大的靈活性和自由度，對於客體進行分類、排序、建立對應關係等。

我們對於前操作思維階段第一層級（大約兩歲到四歲）的研究，顯示兩點：（1）在主客體之間，唯一存在的中介物，仍然只是前概念和前關係〔在前概念（préconcepts [pre-concepts]），沒能運用「全部」和「部分」作量化的規定；在前關係（prérelations [pre-relations]），則不存在概念的相對性〕；（2）相反地，歸屬到客體的唯一因果關係，仍然停留為心理型態（psychomorphique [psychomorphic]），完全沒有從主體活動分化出來。

　　關於第一點，我們可以，比方說，呈現給受試者若干紅色的籌碼和若干藍色的籌碼；其中，紅色籌碼全都是圓形的，而藍色籌碼則有些是圓形的、有些是方形的。在這種情況下，孩童很快就能回答說，所有圓形的籌碼都是紅色的；但是，又會拒絕承認，所有方形的籌碼都是藍色的，「因為也有些藍色的籌碼是圓形的。」一般而言，孩童很容易就會明白，具有相同外延的兩類東西是同一的；但是，他們還不能理解子類別（sous-classe [sub-class]）和母類別之間的關係，因為他們還缺乏能力來理解「全部」和「部分」之類的量化概念。除此之外，在許多日常情境，當孩童面對一個客體或一個人物x，他們會難以辨別，那是同一個客體或人物x，一直保持沒變；抑或是，那是屬於同一類別X當中的任何代表項x或x'：因此，客體就透過一種部分化（participation [participation]）或範例性（exemplarité [exemplarity]），而停留在個體和類別之間的中途。

　　比方說，小女孩賈桂琳，看著一張自己小時候的照片，說道：「那時候，賈桂琳就是露西安（=賈桂琳的妹妹）」；再舉一例，經驗桌上的陰影或氣流，可以被小女孩輕易等同於「樹下的影子」或是來自戶外的「風」，就好像是屬於同一類別的個別效應一樣。類似地，在我們關於「同一性」（identité [identity]）的研究（請參閱《研究報告》第二十四卷）也顯示，在這個階段，「同一性」概念的進展比較是仰賴於將可能的活動予以半泛型同化（assimilations semi-génériques [semi-generic assimilations]），而比較不是仰賴於客體的特性。例如：有一條項鍊斷了，珠子四散分開，孩童會認爲，還是「同一條項鍊」，因爲能夠把珠子重新串起來，就等同於原來的項鍊了。

　　至於前關係，在這層級，我們可以觀察到大量的例子。比方說，主體A有個兄弟B，但是A辯稱，他不認爲兄弟B也有個兄弟，因爲「家裡就只有兩個兄弟」。客體A在客體B的左邊，那A就不可能在其他什麼東西的右邊，因爲如果A是在B的左邊，這是一個絕對的屬性，不可能與任何在右邊的位置相容。如果在一個序列關係中，$A < B < C$，B就只能是「中間值」，因爲在量化當中，「比較小」就排除了「比較大」。

　　簡而言之，此等前概念和前關係仍然停留在活動基模和概念之間的中途，因爲還沒能有充足的客觀距離來看待當下的情境，這是得等到與活動相對立的表象發展出現之後才有能力做到的。對於活動的持續依附，再加上活動與尚未完全分化的主客體的連結關係，這些狀況也可發現於這個層級的因果關係中，該等因果關係的本質仍還停留在心理型態：對於這層級的孩童，客體是某種活的存有者，被賦予能夠執行各種活動（包括推、拉、吸引等）的力量，可以遠距離起作用，也可以透過接觸而起作用，他們在考量客體的活動時，完全不會顧及作用力的方向，或是認爲，客體應該只會沿著唯一的方向，亦即施力者的活動方向，而不去考量被動客體

的受力點之類的因素。

第三節　前操作思維階段的第二層級

　　再來，就進入前操作思維階段的第二層級，這個層級（五到六歲）的標誌是孩童開始萌發去除自我中心化，使其得以發現某些和客體的關係，這是透過我們所謂的「組構式函式」（fonctions constituantes [constituent functions]），從而開始發展。一般而言，我們可以見識到，在前動作表象智慧第二層級和第一層級之間的關係，跟本章第一節所描述的感覺─運動智慧的第二層級和第一層級之間的關係，兩相對照，有著頗為驚人的類似之處：在這兩種情況中，我們都可看到，透過客觀化和空間化，孩童從相當極端的自我中心，過渡到相對的去除自我中心化。至於兩者不同之處則在於：在感覺─運動層級上，最初的中心化是依附在自我的身體本身（主體並未意識到這一點）；相對地，到了兩歲到四歲，開始出現概念化的層級，將客體與其力量簡單同化為活動本身的主體特性（對於這些，主體也沒有多所懷疑）。類似原初中心化的新的一個中心化，就這樣，在這較高的層級上（亦即前概念和前關係的層級），再次產生了。換言之，就是在這新的層級上，重新建構先前在感覺─運動層級上，已經習得的東西。在這之後，我們也發現，類似的一種去除中心化，但這裡是發生在概念或概念化的活動之間，而

不再如同之前是發生在運動之間；再者，由於前進式共通尺標化〔協調化〕（coordinations progressives [progressive co-ordinations]）的緣故使然，在這種特殊情況下的共通尺標化，乃是以函式形式而現身的（請參閱《研究報告》第二十三卷）。

舉例而言，五歲到六歲的孩童通常知道，如果你拿鉛筆去推一個長方形方塊的中心點，這方塊將會「直線」往前移動；但是，如果拿鉛筆去推方塊的邊緣，「它就會轉彎」。再者，如果在他們面前呈現一條擺成直角（Γ）的線，他們將能夠預測，如果拉線的一端，將會其中一段長度增加，同時另一段長度減短。換言之，在諸如此類的情況中，前關係由於共通尺標化的起作用而變成真正的關係，因為個中變項確實隨著函式上相依存的其他變項，而出現相關的變化。

如此的函式結構，在其中，指稱客體關係屬性的兩個變項，彼此之間的變異存在著相互依存的關係，乃是一種產生豐富成果的結構；無怪乎，新康德主義者（néokantiens [neo-Kantians]）會致力於在此等結構當中尋求理性的特徵。在這個層級的特殊案例，我們將討論組構式函式，而還不是已組構的函式（fonctions constituées [constituted functions]）。已組構的函式，要到具體操作層級才會出現，這種函式意味著，能夠做出嚴格的量化；相對地，組構式函式則還停留在質性或次序尺標（ordinales [ordinal]）的層級。儘管如此，此等組構式函式仍然表現出函式的基

本特性；也就是說，可以毫無歧義、「在右邊」（à droite [right]）的應用（在這裡，「在右邊」的意思是指，「應用的方向性」）。然而，不論此等新結構有多麼重要（其重要性是由於，個中新穎性乃是由共通尺標化本身產生的，而不是預先就包含在前一層級的前概念和前關係當中），其本質上仍然有所侷限，因此只能作為活動和操作之間的過渡角色，而還不是能夠直接控制操作的中介工具。

在實際作用上，組構式函式並不是可逆的，而是定向的或單向性的；而且因為缺乏可逆性，所以還不能納入必要的守恆（conservations [conservation]）。在擺成直角線條的例子裡，主體知道，拉長其中一段線 A，另一段線 B 就會變短；但是，由於缺乏定量的概念，他就無法推斷出 $\Delta A = \Delta B$ 這個等式（A 變化〔增長〕的量等於 B 變化〔縮短〕的量）。一般而言，這個階段的孩童傾向認為，$\Delta A > \Delta B$，亦即被拉長的那段線條增長的量，應該會大於另一段被縮短的量。而且最重要的是，他們不會承認，總長度 $A + B$ 的守恆。因此，這裡出現的只是不完全的準邏輯，缺乏可逆的操作，還不算是真正的操作結構。儘管如此，組構式函式的此等單向性和缺乏內在可逆性，卻蘊含滿有意思的認識論意義：個中顯現出組構式函式與活動基模仍存在著持續的聯繫。活動本身（亦即還沒提升到操作的等級）總是定向某一目標，因此組構式函式的角色就蘊含了次序的概念，這在此層級是很重要的。比方說，一條路徑如果位置「比較

遠」，那它就是「比較長」（這當中並沒能納入考量路徑的起點）。總之，組構式函式，就其定向的本質，代表了一種不完的準邏輯結構，最適合用來轉譯說明活動和其基模所揭顯的依存關係，但還沒達到操作層級引以爲特徵的可逆性和守恆。

另一方面，組構式函式作爲主客體之間的中介，表現出活動內部的依存關係，個中也展現出如同活動本身一樣的一種雙重性；這對於邏輯（基本上，就是活動之間的普通共通尺標化當中的邏輯關係）以及因果關係（基本上，就是物質方面的依存關係）都是有啓示蘊義的。因此，在本節接近尾聲之際，我們將再次陳述五歲到六歲這個前操作階段第二層級特有的主要特性：前邏輯和因果關係；在這之後，緊接著就會邁入具體操作階段。

就邏輯而言，由於概念化活動之間的共通尺標化，促成了第一個重大進展：個體和類之間的持續分化。這些進展於此層級的孩童分類行爲，在本質上，出現了特別顯著的轉變。在前一層級（前操作階段第一層級），分類仍然只是在於「形象的集合」（collections figurales [figural collections]）；換言之，個體元素集合的組成不僅是有賴於元素之間的相似和相異，也可能是不相干屬性的聚合趨同（convergences [convergence]，例如：桌子和桌上放著的東西），尤其是出於想要賦予集合以某種空間上的完整形象（例如：行列、方形等）的需求，就好像是集合僅只透過描

述個體元素的特性即可，而還沒能區分外延和內涵的差別。這種外延和內涵的未分化影響極為深遠，以至於，比方說，從包含十個組成元素的集合取出其中五個元素，常被認為比從包含三十或五十個組成元素的集合取出的五個元素要少。相對地，到了目前這個層級（前操作階段第二層級；五歲到六歲），共通尺標化的同化進展使得孩童開始能把個體從所從屬的類中分離出來；集合不再是形象的集合了，而是由不具有空間完整形象的小群元素所組成。不過，孩童仍然還尚未達到能夠有效使用「全部」、「部分」之類的定量判斷，因為要理解$A < B$，就必須要具備可逆性的概念$A = B - A'$，並且還要有守恆的概念，能夠理解一旦把A和扣除的互補部分A'回補回去，完整B的分量就會維持和原來一樣。

這層級的孩童不具備可逆性的概念，又缺乏基本的定量判斷方法，因此尚未有集合體或物質的數量守恆概念。在若干國家進行的為數頗多的研究，重複了我們在這方面的實驗，並且證實了前操作層級特有的不守恆（non-conservations [non-conservations]）確實存在。另一方面，集合體當中個體元素在質性方面的同一性，倒是沒有在這層級的孩童出現什麼困擾。比方說，把液體從某一容器注入另一容器，主體會知道那還是「原來同樣的水」；然而在此同時，他卻會認為，水的分量有所增減，因為水位的高低有了改變〔也就是，他們在進行各種次序估計（évaluation ordinale [ordinal evaluation]，在此例即是：水量的多寡次

序）的時候，只能考量單一面向（在此例即是：水位的高低）〕。布魯納（J. Bruner）在此等同一性當中看到了守恆的發端起點；而且，實際上，此等同一性也確實是守恆得以發展出現的一個必要先決條件。只不過，僅是這一條件絕對是不充分的，因為同一性僅相當於，在若干可觀察的質性當中，將其中恆常不變的質性和有所變化的質性區隔開來；相反地，量的守恆還必須有新關係的建構，其中涉及不同度量（水容器的高度、寬度等）之間變異的補償或相抵校正（compensation [compensation]），進而發展出操作的可逆性和定量工具。

　　此層級的孩童也尚未能掌握推理合成法（compositions inférentielles [inferential compositions]）的基本形式，譬如，下列推理運算式所表達的遞移性：若A（R）B，且B（R）C，則A（R）C。比方說，如果孩童看到兩根棍子$A < B$，後來又看到兩根棍子$B < C$，除非他是同時看到這三根棍子擺在眼前，否則就無法推論出棍子$A < C$。再舉另一個實驗為例，如果我們給孩童看三個不同形狀的玻璃杯A、B、C，A杯裝有紅色液體，C杯裝有藍色液體，B是空的；然後，在幕簾後面，我們依次把A的液體倒入B，C的液體倒入A，B的液體倒入C，然後掀開幕簾，把最後結果給孩童看。他們會想像，我們是直接把A倒入C，還有C也是直接倒入A，而沒有想到中間需要經過B的轉折。他們甚至會試著想要直接完成這樣轉移，結果才發現那是不可能辦到的。

　　再來，關於孩童缺乏遞移性概念的情況，這是發現於因果關係的領域，關係到直接傳輸的過程。舉例而言，有一整排靜止不動緊緊相連的彈珠，另外拿一顆彈珠，沿著直線方向撞擊這一排的第一顆彈珠，結果只有該排最後一顆彈珠滾開了。不像在下一個階段（具體操作階段）那樣，目前這個層級的孩童還沒能理解，撞擊的衝力已經通過中間的諸多彈珠，遞移到最後一顆彈珠：在他們的想像當中，反而是存在著一連串前後相接的衝力直接傳輸，好像每一顆彈珠都推動了下一顆彈珠而運動起來，就像分散而不相連的諸多彈珠一樣，每一顆都會去推動下一顆而產生移動。至於日常生活見到的直接傳輸，譬如：一顆球碰擊另一顆球，或是碰擊盒子等，諸如此類的傳輸，孩童是可以自然而然地理解；但是，他們對於主動和被動的移動物體，在經過特定撞擊衝力之後所引發的運動方向，則只能做出不充適的預測和解釋。

第四節　具體操作階段的第一層級

　　平均而言，七歲到八歲的年齡，標誌著認知工具建構的一個決定性轉捩點：到這時期為止，孩童一直頗能滿足於內化的活動或概念化的活動，透過可逆性的轉換（transformations réversibles [reversible transformations]），從而取得了操作的地位，得以變動某些變項，並且控制其他變項保持不變。再者，此等基本新穎性乃是由於共通尺

標化進展促成的結果，而其中最重要的就是操作的一項基本特徵：建構形成能夠閉合（fermeture [closure]）的整體系統（systèmes d'ensemble [overall systems]）或「結構」，從而確保操作能夠藉助於正向轉換（transformations directes [direct transformations]）和逆向轉換（transformations inverses [inverse transformations]），而組合出各種必然的合成結果。

在這裡，我們必須提出說明，以茲解釋此等含有根本質變的創新；換言之，這與前一階段有了本質上的差異，但是也一定不能把它視爲絕對全新的開端，而是起源於或多或少連續不斷的轉化而導致的結果。事實上，在孩童發展的進程中，我們從沒觀察到有絕對全新的開始，就我們截至目前所見，任何新穎的東西若不是源自累進的分化或漸進的共通尺標化，否則就是這兩者同時作用的結果。至於個別階段的行爲和先前階段的行爲，個中本質的差異，我們就應該把它看成只是超越某種界限（limite [limit]）的過渡，並且必須針對每一階段的界限，就其特性加以詮釋說明。

舉例而言，我們先前已經提過（請參閱本書的頁15，孩童初始階段到十八至二十四個月大之間），由前後相繼的實物活動過渡到思維中的同步表象，跨過如此界限之後，才使得有可能開始發展出現符號功能。再以認知的操作爲例，我們會發現，當中也出現了類似的時間性的過程（processus temporel [temporal process]）：預期和回顧融合成爲單一動

作，而這就構成了後續發展出操作之可逆性的基礎所在。

在這方面，序列化（sériation [seriation]）提供了一個特別清楚的例子。拿來十根左右長短相差不大的棍子，請孩童依照長短來加以排序（因此就需要兩兩對照比較）。處於前操作階段第一層級的孩童，會把棍子分成兩根一組（一根短、一根長），或是三根一組（一根短、一根中等、一根長），來進行比較；但是，他們沒能把全部棍子共通尺標化成為單一的序列。到了前操作階段第二層級，孩童可以透過嘗試錯誤（tâtonnements [trial and error]），從中摸索修正而排出正確的序列。另一方面，到了本節所談的層級（具體操作階段第一層級），孩童常會採用一種窮盡列舉法（méthode exhaustive [exhaustive method]），首先找出最短的棍子，然後，再從剩餘的棍子中找出最短的，這樣一直進行到完成整個序列為止。

在這裡，我們可以看到，這種方法相當於預先承認，會有一個元素E，既長於已排列的所有元素，亦即E > D、C、B、A，並且又短於尚未排列的所有其他元素，亦即E < F、G、H等。因此，個中新穎之處就在於，能夠相容運用>和<兩種關係，而不是認為這兩種關係互為排斥不能相容；或是只能透過嘗試錯誤，沒有系統化的逐一輪替運用這兩種關係，而不能同步而有系統的運用這兩種關係。事實上，在先前各層級時，孩童的運作方式只能考量單一的方向（>或<），一旦請他們考量與另一種方向的可能關係，他們就會

變得不知所措。但是，到了目前這個層級，他們在建構序列時，就開始能夠同時考量兩個方向（因爲所要找的元素 E，被看作同時既 $> D$，且 $< F$）；而且可以輕易從一個方向轉換到另一個方向。所以，我們可以合理的說，在這個例子當中，預期（導向這兩種方向其中的一種）和回顧就變得相互支持，合而爲一，從而確保系統的可逆性。

一般而言，前述事實相當普見於序列化的情況，也同樣普見於分類的情況。相對來看，先前各層級的固有作法，乃是簡單的調整，亦即在事實之後進行修正；至於目前這個層級的一個界限特徵則是，開始出現操作，這種操作不是在事實之後才去修正；換言之，不是在動作實際做出之後才去修正，而是在預測錯誤出現之前，就先予以修正，個中仰賴的就是正向操作和逆向操作的雙重運作；或者換句話說，就如同我們剛才見識到的那樣，乃是預期和回顧結合的結果；或者更確切地說，是對於回顧本身的一種可能的預測。就此而言，這樣的操作就構成了模控學領域所謂的「完全」調節（régulation « parfaite » ["perfect" regulation]）。

另外，還有一個有待超越的界限，也與前一種界限有緊密關聯，那就是操作必須能構成系統的閉合（fermeture [closure]）。孩童在能夠進行操作而達到序列化之前，就已經能夠透過嘗試錯誤，而完成基於實徵經驗的序列化；他們在能夠透過集合包含關係（$A < B$）的量化，進行操作而達到分類之前，就已經能夠建立形象的集合，甚或是非形象的

集合；他們在能夠對數字進行綜合操作之前，就已經知道如何數到某一整數，但是在涉及數字改變時，就沒有數的守恆概念；諸如此類的例子不勝枚舉。從這方面來看，最終出現的操作結構似乎是一種連續建構過程的結果；但是，我們先前提過的預期和回顧的融合，則指向系統自身的閉合，這就意味著一種本質上的新穎性：系統內部的關聯因此就變成必然的，而不再是建立在前後相繼的關係，彼此之間並沒有內在的關聯。事實上，這種必然性反映出一種真正的超越界限，因為閉合的程度可能或多或少，並且只有在閉合達到完全程度的時候，才會產生內部必然相互關聯的特性。然後，此等封閉的系統就呈現出兩種緊密相關的特性：遞移性和守恆，從而也成為目前這個層級（具體操作階段第一層級）所有操作結構的共通特性。

首先，讓我們來看遞移性〔傳遞性〕（ransitivité [transitivity]）。相互重疊（emboîtements [overlapping]）或順序化關係的遞移性（若 $A \leq B$，且 $B \leq C$，則 $A \leq C$），與系統的閉合有所關聯，這一點可說是顯而易見的：只要後者（系統的閉合）的建構是透過嘗試錯誤而形成系列化，個中先確立局部的關係，然後再經過共通尺標化而協調出整體的關係，那麼就不可能預見作為必然關係的那種遞移性；只有在主體能夠同時覺察 $A < B < C$ 諸多元素之間的關係，遞移性才成為自明的。主體能夠以何等程度同時知覺兩種相反關係 > 和 <，遞移性就能以該等程度而成為系統的法則，而且

這恰恰是由於存在著一個系統，亦即封閉性的緣故，因爲每一個元素在這系統中的位置，都是在事先就由建構過程所使用的同一種方法而決定了。

再來，讓我們來看守恆（conservations [conservations]）。守恆是顯示操作結構的形成最好的標誌，它跟遞移性和結構的閉合兩者都有緊密的連結。守恆跟遞移性的連結是很明顯的，因爲如果有A = B，且B = C，從而推得A = C，那是由於從A到C有種特性保持不變（亦即守恆）；另一方面，如果主體承認，A = B和B = C個中守恆是必然的，那麼基於同樣的論述，就會推論出A = C。關於這些論述，可以發現在這個層級的孩童對於守恆的證成，全都見證了結構自身閉合特有的合成。換言之，在閉合結構，其內部的轉換不會超出該系統的邊界，內部轉換的發生也不需要求諸於外部的元素。

首先，在證成守恆的最常見論述中，孩童就是簡單的說，同一個集合或客體，從A狀態轉爲B狀態時，其中的數量維持沒變，因爲「沒有任何東西移除或加入」；或者更簡單的說法：「因爲是同樣的東西」。這不再是前一層級特有的那種質性的同一，因爲質性的同一並不需要有量的相等或守恆。因此，這當中涉及的，用「群論」的術語來說，就是「恆等運算」（opération identique [identical operation]）±0，而此等運算只有在閉合系統之內才有意義。在第二類的論述，孩童的說法是，支持從A到B有守恆

的理由是因為人們能夠把B狀態回復到A狀態〔由反轉〔反演〕（inversion [inversion]）而得出的可逆性〕。同樣地，這也是系統內部的操作。在前一層級，孩童有時也會承認，在實徵經驗上，B狀態有可能回復到A狀態；不過，這當中不必然需要有守恆的存在。在第三類的論述，孩童的說法是，因為客體雖然變長了，但同時也縮小了，所以量維持沒變（或是說，集合雖然分散占較大的空間，但是同時也變得較沒那麼密集）。再者，這兩種調整一來一往就扯平了〔由關係的互反性或互逆性（réciprocité des relations [reciprocity of relations]）而得出的可逆性〕。我們甚至可以更清晰看出，孩童的思維是在一個自身閉合的系統整體來進行的，事實上，他們沒有做測量來估算變動的量，而是以純粹演繹的方式，先驗地針對個中變動的互為補償效應〔相抵校正〕做出判斷，這當中就隱含著整體系統不變性的初始假設。

這是相當重大的進展，標誌著孩童在邏輯方面開始邁入具體操作階段。我們可以看到，由先前兩個層級要超越界限（如前所述）而邁入目前的階段，這當中涉及相當複雜的過渡歷程；事實上，其中涉及了緊密關聯的三個環節：（1）第一個環節是反身抽象（abstraction réfléchissante [reflective abstraction]；對抽象的抽象），可以從低級結構推導而建立高級結構。比方說，用來建構序列化的排序，乃是從局部的排序演化而來的，而且前此層級的孩童建構兩個或三個元素一組的實徵經驗序列，就已經涉及此等局部的排序；操作

型分類特徵的聯集（réunions [unions]），乃是由局部聯集
演化而來的，此等局部聯集可以發現作用於前此階層孩童的
形象集合和前操作概念之形成等活動當中。（2）第二個環
節是共通尺標化（coordination [co-ordination]），其目標是
朝向擁抱系統的整體，因而是傾向透過把分段的排序或局部
的聯集等連結起來，從而得出系統的閉合。（3）第三個環
節是此等共通尺標化過程的自我調節（autorégulation [self-
regulation]），自我調節的結果可促成系統在建構正向和反
向連結方面達到平衡。達到平衡也就標誌著孩童已經成功超
越界限邁入新的層級，同時也產生了有別於先前層級的系統
新穎特徵，尤其是操作的可逆性。

　　特別而言，這些不同的進程，都可以發現在孩童
根據聯集和順序關係來進行整數綜合的活動之中。數值
（numérique [numerical]）集合或可計數（dénombrable
[denumerable]）集合，更別說數字（numérable [numeric]）
集合了，是明顯有別於單純只可分類或序列化的集合，其首
要特徵就是抽離個別元素的質性，從而使得所有元素都成為
等價的。然後，我們就可以將各個元素依照價數高低分類，
再進行排序：(I) < (I + I) < (I + I + I) < ……，請注意，此等
排序只能在所有元素都可相互區別的情況下才可行，否則
比方說，如果有些元素可被數兩次，或是有些元素可被忽
略而不計，那就會導致排序出現困擾。一旦個別元素I、I、
I的質性差別已被抽離去除之後，此等元素之間就會變得無

可區別了。在此等情況下，如果還遵循質性類別的邏輯操作原則，那就只能產生 $A + A = A$ 的套套邏輯結果，而不是 $I + I = II$ 的反覆運算累加結果。在沒有質性差別的情況下，唯一可能保留的差別就是，$I \rightarrow I \rightarrow I \rightarrow$ ……順序（在空間或時間的位置，或是計數的順序）所產生的差別，雖然這只是一種可替代的順序（ordre vicariant [vicarious order]，嚴格來講，這不是真正的順序），因為不論其中各項元素如何替代位置，結果都會得出相同的順序。因此，數就表現為聯集和序列化操作的融合，一旦聯集和序列化操作賴以為根據的質性差別被抽離之後，這種綜合就隨即成為必然的結果。事實上，如此看來，整數的建構似乎是與這兩種操作結構的形成同步發生的（請參閱《研究報告》第十一卷、第十三卷、第十七卷）。

在這種新發展當中，如前所揭顯，我們可以發現，任何操作型建構共通擁有的三項新穎的本質特徵：（1）反身抽象，提供了聯集和順序的關係；（2）新的共通尺標化，把聯集和順序這兩種關係融合成為一個整體（[I] → [I] → [I]）……；（3）自我調節或平衡，容許在系統內進行正向和反向的移動（增加和減損相互補償〔相抵校正〕而得出的可逆性），從而確保每個集合或子集合的守恆。不過，這倒不是說，數的綜合是在聯集和序列化結構完成之後才發生的，因為在前操作層級，還沒有總數守恆概念時，就已經出現有形象意涵的數；再者，數的建構能夠助益聯集的建構，

其助益程度等同於，有時甚至超過，聯集的建構對於數的建構的助益程度。由此看來，在這新的發展階段，似乎從初始結構開始，就可能有反身抽象，提供聯集和順序關係，以及類、關係、數這三種基本結構的可變動側邊轉換（échanges collatéraux variables [variable collateral exchanges]），從而來達成多樣化的目的。

再來，讓我們來看空間方面的操作（請參閱《研究報告》第十八卷、第十九卷），其建構和前述操作的發展情況，有著緊密平行的類似之處，差別在於，空間方面的操作是以鄰近和分離為依據，而不是如同前述那種離散客體的類別那樣，以質性相似或相異為聯集的依據。在這裡，整體不再是不連續（亦即離散）元素的集合，而是一個完整、連續的客體，各個部分依據鄰近原則，而聯集、重疊或分割。就此而言，空間元素的分離、定位或位移的初級操作，是與聯集或序列化的初級操作具有同構性〔同態性〕（isomorphes [isomorphic]）。再者，由於在前操作階段的第一層級，空間客體與前邏輯集合之間有著相對未分化的情況（請比較，形象集合是與空間順序有關，而形象化數字的集合則是根據空間安排或行列長短來評估），個中同構〔同態〕的情況就更高了。到了七歲到八歲的年紀，這兩種結構之間的分化就變得很清楚了；然後，我們就能把立基於不連續和相似或相異（不同程度的等價）的操作，稱為邏輯—算數的操作（opérations logico-arithmétiques [logico-arithmetic operations]）；相對地，立基於連續和鄰近原則的操作，則稱爲「邏輯外」的操作（opérations «infralogiques» ["infralogic" operations]），因爲即便這兩者是同構性的，但也屬於不同的「種類」，彼此之間也沒有遞移性。邏輯—算數的操作，是從客體開始，而將客體予以聯集或序列化；相對地，「邏輯外」的操作，則是把連續性的物體分解。至於這兩類操作之間沒有遞移性，舉例說明如後：蘇格拉底是雅典人，因此也是希臘人、歐洲人；但是，蘇格拉底的鼻子，儘管是他本身的一部分，但是這裡沒有遞移性，因此不能說那就是雅典鼻子，因而也就是希臘鼻子、歐洲鼻子。

在測量的建構方面，前述的邏輯—算數操作和「邏輯外」操作或空間操作之間的同構〔同態〕情況，尤其顯得特別醒目。測量的建構其發展情況非常類似數的建構，只不過在時間上略爲晚一些，這是因爲單位元並不是由元素的不連續性就可暗示出來的，而必須把連續的整體分割成若干不連續的部分，並且還必須預測各個分割的部分能夠相互轉移合併，如此才能夠完成單位的建構。所以，測量是隨著分割和有順序位移的綜合而得以出現的（我們可以一個步驟接續著一個步驟，來追溯此等新發展精進化的艱辛進程）；這種綜合跟數之建構的重疊（聯集）和順序化關係的綜合，有著平行發展的緊密關聯。不過，得到了此等新綜合的末期，透過把數直接應用在空間連續體，有了如此形式之後，測量才獲得簡化；但是，在到達這裡之前，孩童還需要先繞道經過必

要的「邏輯外」操作（如果提供給孩童現成的單位，那當然可以直達，而不用繞道了）。

　　具體操作階段第一層級攻克的成就，除了上述多項之外，我們還必須再添加一項，這是跟因果性〔因果關係〕（causalité [causality]）有關。在前操作階段的各層級，建構因果關係的首要任務，就是把適當的活動基模歸因到客體（最初是以心理形態的形式歸因於客體，然後是把活動基模分解為客體可表現的若干功能）。與此類似，孩童到了七歲至八歲，邁向操作階段，也開始出現把操作歸因到客體的類似情況，從而使客體提升到操作者的地位，其活動也變成或多或少理性合成的活動。因此，在關於遞移運動的問題中，操作的遞移性就會導致形成一種作為中介的「準內部」（semi-interne [semi-internal]）遞移概念：雖然，孩童仍會持續堅持認為，比方說，是主動的可動物件（mobiles actif [active mobile objects]）的推動，使得原本被動的可動物件（mobiles passif [passive mobile objects]）行列的最後一個物件產生了移動，因為這行列中間的可動物件發生了輕微的位移，而相互推動；不過，在此同時，孩童又會設想，有一道「動量」（élan [momentum]）或「力流」（courant [current]）之類的衝力流過這些中間物件。再舉一例，在關於兩個重量平衡的問題，孩童會引用補償〔相抵校正〕（compensations [compensations]）和等價（équivalences [equivalence]）原則，把加、減的合成歸因到客體。簡言

之，我們可以說這是孩童開始萌生因果關係的操作，但這並不是說，前述諸多操作是整個完成之後再歸因到現實的。很多時候，恰恰相反，孩童在尋求因果解釋的場合，往往是在進行綜合操作的當下，同步將該等操作歸因到客體。換言之，孩童乃是經由反身抽象推導出的操作形式，連同簡單抽象從實物（物理）經驗抽取材料內容（此等材料內容可能促進或阻礙邏輯結構化和空間結構化），透過此等形式和內容之間的各種不同交互作用，從而實現了此等同步化的操作與歸因（attribution [attribution]）歷程。

這最後談到的一點，把我們帶向了目前這個層級特有的若干界限，也就是一般具體操作特有的特徵。「具體」操作是直接與客體有關，相對地，孩童十一歲至十二歲，邁向我們所謂的形式操作階段，形式操作的特徵是有可能透過假設來進行推理，並且能夠把形式連結的必然性和內容的真實性區分開來。具體操作仍然算是主體作用於客體，這一點與前操作層級仍然相同，不同之處在於目前階層的活動（或是受到此等活動歸因而被視為因果關係操作元／操作者的客體）被賦予了一種操作的結構化；也就是說，能夠以具有遞移性和可逆性的方式予以組合。既然如此，那就很清楚了，某些客體可能比較容易接受這樣的結構化，另外某些客體則相對比較抗拒；換言之，對於那些比較抗拒此等結構化的客體，形式可能就會比較晚與內容脫離，影響所及，同樣的具體操作就需要到比較晚的時日，才可能順利應用到該等客體的內

容。正是基於這樣的緣故，所以七、八歲時只能掌握比較簡單的內容，而還沒能力處理前述提過的重量平衡問題當中的關鍵因素，包括：量的守恆、序列化等，乃至於等價的遞移性，這些得延遲到將近九歲至十歲階段才能掌握。個中原因就在於重量是一種力，其因果關係的動力學特徵對於此等具體操作的結構化仍然構成相當的障礙。然而，等到孩童掌握此等操作的結構化之後，他們就可以運用如同七、八歲時用於守恆、序列化或遞移性的同樣方法和同樣論述，來進行他們的推論了。

　　具體操作結構的另一項根本侷限性，就是其組合得一步一步來進行，而不是按照任何一種組合原則。這也正是「群集」（groupements [grouping]）結構的本質特徵，其中一種簡單的例子就是分類（classification [classification]）。如果 A、B、C 等是交互重疊的類（classes emboîtées [overlapping classes]），A'、B'、C' 分別是其互補的類，那麼我們就可以推導出下列的等式：

（1）$A + A' = B$；$B + B' = C$；等
（2）$B - A' = A$；$C - B = B'$；等
（3）$A + 0 = A$
（4）$A + A = A$，由此得出 $A + B = B$；等
（5）$(A + A') + B' = A + (A' + B')$
但是，$(A + A) - A \neq A + (A - A)$
因為：$A - A = 0$，而 $A + 0 = A$。

在這種情況下，諸如 $A + F'$ 這樣的非鄰接組合（composition non contiguë [non-contiguous composition]），就不會得出一個簡單的類別，而可能得出如後的結果：（$G - E' - D' - C' - B' - A'$）。在動物學分類的群集，也是這樣的情形，所以「牡蠣＋駱駝」的群集，同樣也不可能組合成一個簡單的類別。然而，具體操作階段第一層級的一項特點就是，即便是數的綜合也只能一步一步地進行，雖然數的綜合似乎避掉了此等侷限性，因為正整數和零形成一個群，而負數則不屬於這個群。格雷科（P. Gréco）已經顯示，自然數（nombres naturels [natural numbers]）的建構之所以能夠發生，就只能是依照我們稱之為漸進算數化（arithmétisation progressive [progressive arithmetization]）的過程，這種漸進算數化的特徵，比方說，可能近似描述為1-7、8-15、16-30等進展階段。超過這些界限之後，進展相當緩慢，數仍然只包含蘊含（inclusifs [inclusive]，聯集〔歸類〕）或序列化的面向，而且只要這兩個面向的綜合還處於未完成的狀態，像這樣進展緩慢的情況就會幾乎維持不變（請參閱《研究報告》第十三卷）。

第五節　具體操作階段的第二層級

這個階段的第二層級（大約九歲到十歲），除第一層級若干局部的形式已經平衡之外，也達到了「具體」操作的

一般平衡。另一方面，正是在這個層級，內在於具體操作本質的若干缺陷也開始浮現出來，尤其是在因果關係方面特別醒目；這些新的不平衡狀態，在這裡，如同在先前各層級一樣，準備啓動全體的再平衡，此等再平衡將成爲下一階段的特徵，在目前這個層級，有些時候也能隱約看見初露苗頭的直覺跡象（ébauches intuitives [intuitive sketches]）。

　　這個層級的新穎之處，在邏輯外操作或空間操作的領域，表現得特別明顯。最早從七歲到八歲，就開始能夠形成某些操作，依據主體位置的調整，而對同一客體產生不同的觀點或改變觀點。不過在另一方面，只有到了九歲到十歲左右，孩童才開始能夠針對一組客體，形成觀點的共通尺標化，從而設想之間的相對關係（例如：主體在不同位置觀察到的三座山或建築物之間的相對關係）。與此類似，在這個層級，一維、二維或三維的空間測量，也產生自然共通尺標的建構，將該等維度的空間測量整合成爲一個整體的系統。因此，孩童也是到了約莫九歲到十歲的年紀，才開始能夠預測，傾斜容器內的水面是水平的，還有斜面牆壁垂下的鉛線是垂直的。一般而言，在所有這些情況，個中涉及的除了只在第一層級介入的形象化內部連結（connexions intrafigurales [intrafigural connections]）之外，還多了形象間際關係（liaisons interfigurales [interfigural relationships]）的建構；或者，你也可以換個說法，前者（形象內部連結）就是單一形象的簡單空間建構；相對地，後者（形象間際關

係）就是複數形象的精進化空間建構。

從邏輯操作（運算）的角度來看，我們可以注意到以下幾點：（1）從七歲到八歲的年紀，孩童不但能建構加法結構，也能建構乘法結構，例如：分類同時考量兩種判準的二因數表格（亦即矩陣）、系列對應（correspondances sériales [serial correspondence]），或雙向序列化（doubles sériations [two-way seriations]，例如：依照兩種判準來排列樹葉，垂直方面依照樹葉的大小排序，水平方面依照樹葉顏色深淺排序）。但是，這些比較是關於成功解決實質問題（例如：「盡可能排出最完好的形象」，而沒隱含有發現任何特定的在布局結構），而比較不是涉及自發運用結構。（2）另一方面，到了九歲至十歲，當孩童嘗試去解決歸納問題中的函式依存關係（例如：反射角和入射角之間的依存關係），我們發現，他們開始表現出有能力來大致發掘數量的共變關係，雖然還沒能如同下一個階段那樣，將其中涉及的因素拆解開來，而是仰賴於系列化關係或類別之間的對應。不論這種操作程序涵蓋的可能有多麼全面，變項仍然沒有充分解析開來，儘管如此，個中運用的方法已經顯現出包含一種有效率的結構化操作。（3）與此類似，我們可以發現，孩童在理解交集關係（intersections [intersections]）方面，也有顯著的進展。雖然，笛卡兒積（produit cartésien [Cartesian product]），以二維矩陣表述之，在七歲至八歲的層級，就已經能夠輕易掌握個中完整的乘法結構。幾乎

是在同一時期，孩童也掌握了操作方法，能夠將若干不相交（亦即互斥）類別（classes disjointes [disjoint classes]）操作成爲具有加成性的群集（groupement additif [additive group]）；但是，只有到了目前這個層級，才開始有能力掌握兩個以上非互斥類別的相交；並且在許多情況下，孩童也只有到了目前這個層級，才能掌握AB包含於B，所以在量化方面，$AB < B$。

　　另一方面，在因果關係方面，九歲至十歲這個層級，顯現出一種頗耐人尋味的混雜狀態：既有著驚人的進展，同時又有著同等驚人的缺失，有時候，看起來甚至就像是退化。先談進展方面，在這之前，有關動力學和運動學方面的思慮，一直都是停留在沒有分化的狀態，這是由於運動本身，連同速度，始終都被孩童看待成一種力，經常稱之爲「動量」（élan [momentum]）。然而，在九歲至十歲，我們見證了一種分化和共通尺標化，此等分化和共通尺標化補足了運動，尤其是運動速度的改變，所需要有的外來因素的介入。這可以用符號表述如後：運動等於在一段時間 t，一段距離e，發生的力f（亦即fte）；$fte = dp$，這意思是指$fte \rightarrow dp$，其中$dp = d(mv)$，而不是$m \, dv$；相對地，在先前層級，孩童只是簡單認爲$fte \equiv dp$，甚至是更簡單的$fte \equiv p$。在還沒到下一階段之前，孩童不會有加速度的概念（請比較，$f = ma$）。另一方面，此等力和運動的分化，則促成涉及方向概念或前向量概念的進展，使得孩童開始會去考量主動行

動體的推或拉的方向，同時又考量被推或被拉的被動行動體的阻力（此等阻力是被孩童設想為一種類似煞車止動的概念，而還沒達到反動或反作用力的概念）。

　　在關於重量的問題方面，進展也相當清楚。舉例而言，在先前的層級，對於傾斜的棍子，孩童認為，那會沿著傾斜的方向掉落；然而，在目前這個層級，則認為那會垂直落下。在目前層級，位於斜坡的貨車，孩童會認為，要讓它爬上斜坡，需要比較多的力氣，而把它保持在固定位置，需要的力氣相對比較少。相對地，在先前的層級，孩童則抱持相反的想法，因為貨車停在斜坡上，它會傾向掉下來，所以需要比較多的力氣，才能把它擋住不動；如果把它往上推了，那就不會再掉下來，所以需要的力氣就比較少了！最後，也是最重要的例子，傾斜容器水面呈現水平的問題，孩童在目前這層級以後，開始從液體的重量角度來提出解釋（在此之前，液體被認為因為有流動性，所以很輕），由於液體有重量，會傾向往下流，最後就排除了液體高度不平的情形：在這裡，我們看到了形象間際空間建構（自然共通尺標）與因果領域進展緊密相互依存的關係，如此一來，這些相互依存的關係就進入孩童對於力和方向的思維，而不再如同先前時期那樣，認為力和方向僅僅仰賴於水和容器之間的交互作用。

　　但是，如此的因果概念進展也得付出代價，那就是，孩童給自己引來了一系列新的動力學方面的問題，並且沒有

能力掌握，因此，有時候，看起來好像是退步一樣。舉例而言，因為現在重物被認為會垂直落下，孩童很容易就會認為，那掛在繩子下端的物體，會比掛在繩子上端來得更重些（因為比較重的東西會傾向移動到較低的位置，而不會反向移動到較高的位置……）。再者，孩童會認為，物體的重量會隨著推力的增加而增加，並隨著速度的增加而減少，就好像人們似乎會從 $p = mv$，從而推導出 $m = p \div v$。不用多說，我們就可以看得很清楚，如此的預設阻礙了孩童對於加法合成之類的掌握，因而導致孩童的反應看起來好像不進反退。為了擺脫如此的窘境，孩童有以下兩方面的因應方式：一方面，他們把重量視為物體的不變屬性；事實上，也正是在這個層級，孩童開始有了客體形狀改變但重量守恆的觀念，另外還有應用到此等觀念的序列化、遞移性以及其他的合成操作。但是在另一方面，他們又斷言重量的活動是可變的，簡單地辯解說，在某些情況，相較於其他情況，重量「給予」、「秤起來」（或「拉起來」）等活動時，會顯得比較重，這是沒錯，但是只要還沒能如同下一個階段那樣，把重量和空間尺度（長度、面積或體積），以及力矩（moment [moment]）、壓力、密度、相對重量，還有最重要的功（travail [work]）之類的概念合成起來，那麼他們對於重量的概念就仍然停留在不完全而任意武斷的層級。

　　總而言之，具體操作階段的第二層級呈現出自相矛盾的情況。在此之前，從主客體未分化的最初層級開始，我們已

經見識到，在兩個方面，出現了互補和相對等價的進展：一方面是，首先出現活動的內部共通尺標化，相對於後來主體開始有了操作，以及其內部共通尺標化；另一方面是，首先出現活動以心理型態而外部共通尺標化，相對於後來活動出現操作，並且歸因於客體。換言之，我們觀察到，一個層級隨著下一個層級推進，個中也浮現兩種緊密相互依存的發展路線，那就是邏輯數學操作的發展，以及因果關係的發展。一方面，從把形式歸因到內容來說，邏輯數學操作的發展持續影響因果關係的發展；另方面，就內容助益或阻抗形式的觀點來看，則是反過來，因果關係的發展持續影響邏輯數學操作的發展。再來，空間觀念的發展參與兩種性質運動的發展：一方面，涉及主體的幾何操作或邏輯外操作；另方面，涉及客體的靜態、運動學，乃至於動力學的屬性，空間就在這當中持續扮演連結的角色，從而發展演化出不同的空間概念。現在，具體操作階段的第二層級，我們發現孩童的處境既是繼承先前層級的延伸，同時又包含了下列將要介紹的各種新穎發展。

首先，邏輯—數學操作（包含空間操作），透過類化與達成平衡，而獲得了最大程度的擴展和利用，但是其具體操作形式仍然有著相當的侷限性，包括伴隨所有「群集」結構（以及類別和關係）而來的侷限性，隨著初步算數幾何和度量幾何的萌芽發展，才對此等侷限性有些微的突破。其次，追究原因與尋求因果解釋方面的發展，顯現出超越具體操作

階段第一層級（七歲至八歲）的急劇進步，導致孩童提出一系列的運動學和動力學方面的問題，他們還沒能運用此時所能掌握的操作來解決。影響所及，於是產生了一系列的不平衡狀態，這正是孕育創新發展的沃土所在。這些新穎的特徵在功能方面，與發展初期出現的特徵相類似，但是對於後續的結構化有著範圍更為寬廣的影響。因為它們使得已經建構的操作結構達到完善，而且在孩童發展過程頭一遭，達到穩固的操作結構，亦即能夠在「具體（concrète [concrete]，實在而鞏固）」的基礎上，建構「對於操作的操作」（opérations sur des opérations [operations on operations]），也就是所謂的二級操作。這種二級操作是由命題操作或形式操作，依照組合學原則（combinatoire [combinatorics]）建構而成的。除此之外，新穎特徵還包括：四元群（groupes de quaternalité [quaternality groups]）、比例原則（proportionnalités [proportionality]）、分布原則（distributivités [distributivities]），以及使得孩童有可能完成因果關係領域各種具體操作的所有關鍵元素。

第六節　形式操作

　　約莫在十一歲到十二歲，開始建立「形式」操作（opératoires «formelles» ["formal" operations]）的結構，我們就達到了孩童發展的第三個重大階段。在這個階段，主體

的操作從以往對於持續時間（durée [duration]）的依賴解脫出來；換言之，也就是從主體活動的心理脈絡解脫出來（在此等心理脈絡或時間前後脈絡之下，活動除了蘊含屬性或邏輯屬性之外，也包含了因果關係的維度）。正是在這個階段，擺脫了時間過程或心理脈絡依賴之後，操作終於達到了超乎時間之外（extemporané [extra-temporal]）的特性，這也是純粹邏輯—數學關係特有的特性。第一個重大里程碑是符號功能（fonction sémiotique [semiotic function]）（約莫一歲半至兩歲），符號功能主要包括模仿內在化成為操作心理意象的活動，以及習得語言能力，這些功能使得孩童能夠把時間前後相繼的活動，壓縮成為同時同步的表象再現。第二個重大里程碑是，具體操作的開始。具體操作透過共通尺標化把預期和回顧整合起來，從而達到了可逆性，而有可能逆轉時間的進程，並且確保可以保留住時間上的諸多出發點。不過，在這方面，即使我們可以說，孩童對於時間觀念的掌握日益增強，基本上仍然連結於活動和操弄，都是在前後時間相繼發生的。因為這些操作仍然是「具體的」，亦即對於實在客體的操作和轉化。另一方面，「形式」操作則標誌孩童的認知發展邁入第三階段，在這時期，孩童的認知超越了實物現實，把現實插入可能性的領域，直接把可能性連結到必然性，先前層級需要具體事項作為中介，現在已不再是不可或缺的要件。在認知上只要有可能性，例如：整數的無窮盡序列、連續統的基數（la puissance du continu [the cardinality of the continuum]），或僅只是簡單的由命題*p*、*q*及其否定命題～*p*、～*q*組合而產生的十六種操作，諸如此類的操作其本質都是超乎時間之外的，而有別於在時間過程開展實現的實體虛擬（virtuel physique [physical virtual]）操作。

　　事實上，形式操作的首要特徵是，有能力去處理假說（hypothèses [hypotheses]），而不再只是處理客體；這是孩童在十一歲左右出現的基本新創特徵，所有研究這方面主題的學者都有注意到如此的發展。但是，此等特徵還涉及另一項同等重要的特徵，那就是，假說不是客體，而是命題（propositions [propositions]）；假說的內容是由類別、關係等的命題內部操作（opérations intrapropositionnelles [intra-propositional operations]）所組成，我們能夠針對此等內容進行直接的驗證；同樣地，從假說推論出來的結果也是如此。另一方面，演繹操作，從假說出發而推導出結論，則是屬於相當不同的類型，是命題之間的操作（opérations interpropositionnelles [inter-propositional operations]）；換言之，是對操作進行的操作，也就是二級操作。不過，此等一般特性的具體操作，都是到了目前這個階層才會開始建構，而不會出現在先前第一階層，包括運用命題的邏輯蘊含操作等，或是進一步發展關係之間的關係（例如：比例關係、分布關係等），以及建立共通尺標化協調兩個參照系統，諸如此類等的具體操作。

　　正是此等形成對操作進行操作的能力，使得認知得以超乎現實之外，經由組合而打開了無限可能性的通路，操作因而獲得解脫，不再如同具體操作那樣受限於一個步驟接著一個步驟的建構。事實上，n乘n的組合形成一個分類，可構成了所有可能之分類；排列（permutation [permutation]）的操作形成一個系列化，可傳回所有可能之系列化；諸如此類等。因此，形式操作的一個根本創新特點就在於，形式操作是透過發展「所有子集合的集合」或單體（simplexes [simplexes]），從而使得原初的集合變得豐富起來，這些操作都是以組合為基礎。特別值得一提的是，我們知道，命題操作就包含這樣的結構，還包含類別的一般邏輯，使類別得以從最初「群集」的固有限制解脫出來，從而促使可能建構「網絡」（réseaux [networks]）。所以，我們可以發現，前述諸多新特點之間存有深刻的統一性。

　　不過，形式操作還有另一項的基本結構。關於心理事實的分析，使我們大約在1948年至1949年間就已經凸顯出此等結構，這時間點比邏輯學者對這方面主題感到興趣還早，這就是把命題組合（或一般而言，「所有子集合的集合」）內部的反轉操作（inversions [inversions]）和互逆性（réciprocités [reciprocities]）聯合成為單一的「四元群」（groupe quaternaire [quaternary group]），亦即克萊因四元群（groupe de Klein [Klein group]）。在具體操作之內，有兩種形式的可逆性：（1）反操作，或稱為否定操作

（négation [negation]），結果會把一個項消去，例如：＋ *A*
－ *A* = 0；（2）互逆性（*A* = *B*，且 *B* = *A* 等），結果會導向
等價或等值，因而把差異性消除。但是，如果反操作是類別
群集的特徵，而互逆性是關係群集的特徵，那麼在具體操作
層級就還不存在一個完整的系統，能夠把這兩種特性整合成
爲單一的整體。另一方面，在命題組合系統的層級，每個命
題組合的操作都蘊含一系列的其他操作，譬如：

原命題組合 $p \supset q$

蘊含的反命題 $N = p \cdot \bar{q}$

蘊含的互逆性命題 $R = \bar{p} \supset \bar{q} = q \supset p$

再者，也蘊含一個關聯命題 $C = \bar{p} \cdot q$，這是原命題的
互逆命題的反命題，是透過正常形式的析取（disjonctions
[disjunctions]）、合取（conjonctions [conjunctions]）排列
而取得。這樣就給了我們一個交換群（groupe commutatif
[commutative group]），$NR = C$；$CR = N$；$CN = R$，以及
$NRC = I$，這些群的轉換是第三級的操作，因爲個中涉及的
是將二級操作予以連結起來。對於這個群的結構，雖然主
體一般而言並沒有意識覺察，但是這個群卻能指出某些線
索，使得主體能夠做某些事情，把反轉操作和互逆操作區分
開來，以便達成某種組合。比方說，以托架 *B* 上的移動客體
A 爲例，這當中就涉及兩個參照系統的共通尺標化協調。透
過對客體 *A* 運動的反操作，再結合托架位移和其自身位移之
間的補償，客體 *A* 就能夠在某個時間點，保持在相對參照於

外部環境而言的同一位置；這樣的組合操作，只有在目前層級，才有可能預見，而且此等組合操作之中就蘊含 *INRC* 群〔*Identity (I)*; *Negation (N)*; *Reciprocal (R)*; *Correlative (C)*〕。同樣地，比例關係問題，從這個群固有的邏輯比例（*I : N :: C : R* 等）開始，也都是如此。

這些新特點全部就位之後，終於有可能來談論邏輯—數學操作，此等操作是自主的（autonomes [autonomous]），並且與身體活動或實物活動（連同其因果關係的面向）妥善的分化開來。伴隨邏輯—數學操作而產生一個關聯群（ensemble corrélatif [correlative group]），其特點提供了同等豐富的因果關係領域，因為在邏輯—數學操作和實物活動分化的情況下，就可以在至少兩個層級以上之間建立共通尺標化協調，甚至於建立相互支持關係，個中運用方式也就越來越逼近於科學思維的工作程序。

這些形式操作層級當中，首先就是讀取物理或實物經驗（expérience physique [physical or material experience]），廣義而言的與料〔既與〕（données [data]），因為經驗主義所界定的那種純粹經驗其實是不存在的，事實只有被主體同化了，才有可能成為可供主體進接而認知的材料（我們將會在本書第三章再回來討論此等問題）。這就需要預設一個先決條件，要有邏輯—數學操作為同化的中介，來建立邏輯—數學之類的關係，以提供作為事實的框架或結構，從而使事實豐富起來。在這方面，不用多說就很清楚了，形式思維精

緻化發展的操作工具，使得孩童開始有可能去讀取大量的新
經驗與料，雖然在目前層級，還僅止於透過建立共通尺標化
來協調兩個參照系統，而得以達成如此的任務。再者，我們
還得注意，這些操作過程都不是唯一且單向的，因為要使內
容取得結構化雖然總是必須有一個形式操作，但是所建立的
結構往往能夠促成若干新的更加充適的結構。在比例形式定
律（lois à forme proportionnelle [proportional-form laws]）或
分布關係等的領域，這種非唯一、單向的操作過程，就更為
普遍常見。

　　因此，如果說這形式操作的第一層級是應用於客體的
操作，得以確保初級物理定律的歸納推理，以及其他諸多任
務；那麼，第二層級就是關於因果解釋的操作，也就是把因
果關係歸因於客體的操作。在這方面，人們可以觀察到，
目前這個層級，在因果關係領域，也如同邏輯—數學操作領
域一樣，展現了同樣重大的進展。相對而言，如同在先前層
級，可能性在邏輯—數學領域，扮演的一般角色一樣，虛擬
實在平面（plan virtuel [virtual plane]）也在物理實在平面，
扮演了相對應的一般角色。這些新的發展使得主體能夠理
解，在靜止狀態下，力仍然持續發揮作用；再者，主體也能
夠理解，在包含若干作用力的一個系統內，每個力在與其他
力合成的同時，仍然保持個別力的作用。把這些與超乎可觀
察範圍的概念連結起來，甚至還會發現，沒有中間元素分段
位移的純粹「內部」傳輸的觀念。先前層級，建構操作的操

作或建構關係的關係，與此相對應，目前層級除了其他新發展之外，還有建構新的二級關係，包括：重量或力跟空間大小之間的關係（亦即泛稱的密度）、重量和漂浮的體積之間的關係、表面壓力、力矩，尤其是透過一定長度或距離所做的功。再來，相對於活動基模的組合，以及子集合的集合此等操作結構，目前層級有了進一步的發展，一方面，出現關於空間的新觀念，納入了占據表面內部連續體（直到目前階層以前，空間一直被認為主要是周長的函數），以及體積的觀念。如此一來，就凸顯出體積觀念（只有到了目前層級，才開始有形狀改變過程中體積守恆的觀念）、體積和重量的關係，以及微粒模型（modèles corpusculaires [corpuscular models]）在目前層級的重要性；透過微粒模型，主體才有可能把體積構想為充滿不可見元素或多或少「緊密」凝聚而成。另一方面，相對應於此等基模，開始出現了方向的向量合成（composition vectorielle [vector composition]）；在此同時，力的觀念轉變則確保孩童開始能夠理解力的強度，並且一如我們剛剛見到的那樣，這些進展都是透過虛擬實在的介入而有可能達成的。

最後，相對應於具體操作階段的*INRC*群，在形式操作階段，則是發展出對於一群集物理結構的理解，其中包括作用和反作用的物理結構。例如：孩童受試者將會理解，在液壓機（presse hydraulique [hydraulic press]）裡，增高該機器內密閉液體的密度，反而會阻礙活塞的下降，而不是像先

前層級所認爲的那樣，會有助於活塞的下降。再比方說，如果孩童受試者和實驗者各自把一枚錢幣壓到一團黏土的正反兩面，孩童應該能夠預測，這兩枚錢幣壓下去的深度是相等的，因爲即便兩枚錢幣所受的壓力不相等，可是加上反作用阻力之後，兩者最後承受的力量就會是相等的。在這些例子當中，對於反向作用的預測（這在液壓機的例子當中是比較難的），還有對於力的估計也一樣，都需要有先決條件，亦即需要有互逆性、反轉操作等的分化和共通尺標化，也就是需要有相對應於 *INRC* 群的一個同構群（groupe isomorphe [isomorphic group]）。

　　總括來看，從孩童最原初未分化的認知心理發生（請參閱本章第一節）開始，一直到這最後層級（形式操作），自始至終都呈現出相當連貫一致的醒目特點。主體基於反身抽象建構對操作的操作，從而發展出了邏輯─數學操作的逐步內化，最終發展出超乎時間之外的認知，不再侷限在物理實物世界的現實（亦即具體操作），而開始能夠掌握一群集可能性的轉化（亦即形式操作）。主體不再認爲，自己只是現實空間─時間動態結構包含之眾多元素當中的一個小元素；如此一來，物理世界成爲可供主體認知的對象與料，主體開始能夠從客觀的位置，讀取物理世界的若干定律，尤其是能夠進行因果解釋，並且在此等進程當中，迫使主體的心智必須不斷去除自身中心化，以便能夠掌握對客體的客觀認知。換言之，從孩童出生以後，就一直進行著內化與外化的雙

線平行發展，這也確保了思維和宇宙既矛盾又統一，從而讓思維得以從身體、實物活動解脫，而宇宙得以容納主體身體活動，又在一切方面超乎該等活動之外。誠然，有相當長久的歷史，科學一直讓人們置身於數學演繹和實徵經驗之間的驚人趨同一致；不過，在另一方面，同樣令人詫異的是，人們長久以來也一直都有發現，在科學形式體系化和實驗技術層級底下遠遠更為基層的方面，仍然存在以質性為主的心智思維，幾乎不涉及量化的計算，只透過抽象的嘗試和觀察的努力（儘管個中嘗試和努力可能缺乏嚴謹的方法論），而達到趨近於上述科學思維相對應的趨同一致。尤其具有啓發意義的是，我們應該注意到下列事實：前述的趨同一致乃是源自於，創新建構和非預定建構兩方面長期相互關聯的系列產物；而這一切的發展，就是從未分化的混沌狀態開始的。主體的操作和客體的因果關係，於是就緩慢而漸進地分化，從而由這初始的混沌狀態解脫出來。

第二章 原初的有機先決條件（認知的生物發生）

由於希望把解釋留在「發生學」層級，而不訴諸超驗（transcendantal [transcendental]）的層級，因此關於前一章我們所描述的情況，似乎只有三種可能的詮釋：

（1）第一種詮釋，就是得去承認，儘管邏輯—數學操作的發展逐步內化，而物理（實物或身體）經驗和因果關係的發展則是趨向外化，這兩種發展一內一外似乎反向而行，然而隨著現實與「環境」（milieu [environnement]）限制（contraintes [constraints]）所提供的外因訊息（informations exogènes [exogenous informations]）越來越縮小，這兩種發展方向將會越來越趨向一致。

（2）第二種詮釋，就是把關於此等發展的逐漸趨於聚歛一致的共同源頭，歸因於遺傳因素，因而尋求在先驗論和生物發生學之間尋找出折衷的解決之道，譬如：採取羅倫茲（K. Lorenz）的類似作法，把前一章所論稱的建構論（constructivisme [constructivism]）：「持續精進優化的新穎性發展應該是出於建構使然」，反駁為虛幻不實的錯覺。

（3）第三種詮釋，也接受共同源頭的看法，並且認為，邏輯—數學認知和物理（實物、身體）認知的雙重建構（我們身為認知者在其中當然扮演了一定程度的角色），尤其是邏輯—數學認知建構的內在必然性，都是與心理發生（psychogenèse [psychogenesis]）先決條件的諸多生理機制（mécanismes biologiques [biological mechanisms]）有所關聯；但是在此同時，還受制於比遺傳特性的傳遞

（transmissions héréditaires [hereditary transmissions]）
更爲普遍而根本的自我調節（autorégulations [self-
regulation]）；因爲遺傳特性的傳遞總是特化的，並且在
「越高等」的有機體演化當中，遺傳對於認知過程的重要性
乃是趨於遞減，而不是遞增。

在這三種詮釋之下，認識論的問題有必要以生物學的用
語來加以提出，這和發生認識論的觀點是不可或缺的，因爲
只要我們不回溯到認知發展的有機體根源，對於心理發生就
將停留在難以理解的狀態。

第一節　拉馬克經驗主義

在前述三種詮釋方案當中，第一種有著明顯的生物學
蘊義。誠然，心理學家〔例如：行爲主義者（béhavioristes
[behaviourists]）〕把所有知識的認知都歸因於學習，而學
習則是經驗的函數產物；至於認識論者〔épistémologistes
[epistemologists]，例如：邏輯實證論（positivisme logique
[logical positivism]）學者〕，則把邏輯—數學操作視爲
單純的語言行爲，旨在轉譯經驗與料，個中所用的形式本
身則是套套邏輯（tautologique [tautological]）。這些心理
學家和認識論者都不關切，其立場可能涉及的生物學方面
的蘊義。但是，我們在此必須提出第一個問題，恰恰就
是，他們是否有理由可以漠視這方面的議題。如果他們隱

而未宣的假設確實有所根據，那麼如此的立場當然就無懈
可擊；個中假設是認為，認識的本質是屬於「表現型〔顯
型〕的」（phénotypique [phenotypic]）；換言之，是連
結到個體的身體發展（développement somatique [somatic
development]），而不是源自於生物發生機制，這後者只
關係到基因體（génome [genome]）和遺傳特性的傳遞。但
是，就我們目前所知，如此的區別並不是絕對的，理由有
許多，以下，提出其中兩個主要的理由：（1）表現型〔顯
型〕其實是個體在成長過程中，基因體的合成活動與外界
影響之間持續交互作用的產物。（2）針對任何出現的基因
型（génotype [genotype]），我們都能決定該等基因型對於
任何可分析、測量的環境影響因素的「反應常模」（norme
de réaction [norm of reaction]），從而推估個體反應的變異
幅度和分布。另一方面，心理學家主張的認知立基於學習經
驗，也同樣受制於如此的條件。博韋特（D. Bovet）的小鼠
實驗，針對特定基因譜系和各種可能的感覺─運動習得成
就，進行遺傳方面的分析，從而證實了前述的觀點。

　　就此而言，任何假說若把所有知識的認知僅只連結
到經驗效應使然，那就會對應到生物學領域早已揚棄的一
種學說。此等學說之所以遭到揚棄，並不是因為被證明
是錯誤的，而是因為忽略了，要理解有機個體和環境的
關係，很重要的是，還必須納入考量若干已獲得證實的
相關因素。以下，我們稱之為拉馬克的變異和演化學說

（la doctrine lamarckienne de la variation et de l'évolution [Lamarckian doctrine of variation and evolution]）。歷史上，休姆（D. Hume）提出以習性（habitude [habit]）和聯想〔心理連結〕（association [association]）的機制，來解釋心理事實；不久之後，拉馬克進而發現，受環境影響而習得的習性，是得以解釋有機體形態演發（morphogénétique [morphogenetic]）變異與器官形成的根本因素。固然，拉馬克也有談到組織的因素，但是他著眼的是組織因素在連結方面的力量，而不是著眼於組織在合成方面的意涵。對於拉馬克而言，生物後天習得的最關鍵部分，就是透過調節習性，而取得外在環境的印記。

這些論點當然沒錯，而且就環境影響而言，現代的「族群遺傳學」（génétique des populations [population genetics]），基本上，也可以說是以新的論述方式，來取代舊有的論述方式：在舊有的論述，是外在因素作用在個體遺傳基因單元而產生的直接因果關係（依照拉馬克學說，也就是習得的遺傳特性）；至於新的論述則是以機率調整取代直接因果關係，亦即一組外在因素（選擇或淘汰作用）作用在多元單元（pluriunités [multiple units]）系統〔例如：基因庫（pool génétique [genetic pool]），或已分化基因型的存活係數（coefficients de survie [survival coefficients]）、繁殖係數（coefficients de reproduction [reproduction coefficients]）等〕，從而調整該等多元單位系統的比率。但是，拉馬克學

說的根本問題則在於，缺乏關鍵概念來說明突變和重組的內源性（endogène [endogenous]）因素，以及自我調節的主動作用。因此之故，目前，當沃丁頓（C. H. Waddington）、杜布贊斯基（T. G. Dobzhansky）等學者論稱，表現型〔顯型〕是基因體對於環境誘因的某種「反應」，這並不意味著，有機體只是單純（完全被動）承受了外界環境影響的印記；而是意味著，有機體與外界環境之間有著名符其實的交互作用；換言之，一旦環境因為變化而出現緊張或不平衡狀態，有機體就會以原創的方式，發明諸多新的組合，用以化解該等緊張或不平衡，從而導向新的平衡。

現在，讓我們把此等「反應」的概念，拿來對照比較行為主義有名的刺激—反應（$S \rightarrow R$）公式，行之有年的「反應」概念。我們會驚訝地發現，此一心理學領域的學派始終秉持著嚴格的拉馬克學說精神，而對於同時代的生物學革命置若罔聞。因此，即使我們為了方便而保留此等用語，對於刺激—反應個中概念還是必須重新組織（réorganisation [reorganization]），澈底修改其詮釋。在實務上，一個刺激要引發某一特定反應，必要的先決條件就是，主體與其有機體必須能提供該等反應，因此，首當其衝的問題就是能否有提供此等反應的能力，這相當於沃丁頓在胚胎發生學（embryogenèse [embryogenesis]）領域所謂的「勝任性」（compétence [competence]）〔其定義是指，胚胎對於「誘導訊號」（inducteurs [inductors]）的感受性（sensibilité [sensitivity]）〕。因此，起始點不在於刺激，而是對刺激的感受性，而這感受性自然是依存於主體做出反應的能耐。所以，這公式就不應寫爲 $S \to R$，而應當改寫成 S（A）R，這樣才比較精確；其中，A 是對於刺激和特定反應基模之連結的同化作用，此等同化作用才是引起反應的根源①。如此看來，對於 $S \to R$ 公式所提出的此等修正，並不是單純爲了追求精確，也不只是理論方面的概念化而已；如此的修正，依我們來看，點出了認知發展的核心問題。在澈底的拉馬克主義觀點的行爲主義，反應僅僅是對刺激的特化系列行爲「在功能上的拷貝副本」（copie fonctionnelle [functional copy]）〔赫爾（C. H. Hull）〕，也就是對於原始刺激的單純副本所做出的模仿行爲；因此，習得的根本歷程就必須設想爲，依據經驗主義模式，紀錄外在資料的學習經驗。如果

---

① 在這方面，普里布拉姆（K. H. Pribram）已經提出實證顯示，大腦皮質的聯合區可以對輸入產生控制，「預先設定受體機轉（mécanisme récepteur [receptor mechanism]），使得某些輸入成爲刺激，而另一些輸入則可以忽略」〔請參閱 *Congrès internat. Psychol. Moscou*, vol. XVIII, p. 184（國際心理學會大會會議記錄，第十八卷，頁 184，會議地點：莫斯科，1966 年）〕。甚至所謂的反射「弧」也不再被認爲是 S → R 弧，而是構成一種伺服機轉（servomécanisme [servomechanism]），亦即一種「體內恆定的反饋迴圈」（anneau homéostatique à feedback [homeostatic feedback ring]）。

這樣的概念是正確的，那麼整個認知發展過程就必須設想爲，在這種詮釋觀點之下，不間斷的學習序列的結果。另一方面，如果基本的出發點是主體提供特定反應的能耐，亦即「勝任性」，那結果就正好相反；就是說，學習乃是隨著發展的不同層級，而有所變化的〔關於這一點，英海爾德（B. Inhelder）、辛克萊（H. Sinclair）和博韋特（M. Bovet）等人的實驗，已經有所證明〕；學習的本質是依存於「勝任性」的演化，而有所不同。如此一來，認知發展的真正問題，就是要解釋此等「勝任性」的發展。然而，傳統的「學習」概念，對於達到如此目的卻是不夠的，就如同拉馬克學說也沒能充分解釋演化一樣（請參閱《研究報告》第七卷到第十卷）。

第二節　天賦論

在先前數世代，如果關於學習的研究工作，一直由外源性的假說占據主宰地位，時至今日，我們則常常發現相反的觀點大行其道，彷彿揚棄了拉馬克經驗論〔亦即美國學者所稱的「環境論」（environnementalisme [environmentalism]）〕，就必然迎向天賦論〔innéisme [innatism]，或「成熟論」（maturationnisme [maturationism]）〕之類的內源性假說。然而，這其實就忘了，在這兩者之間，是有可能存在某些內外相容的詮釋，立

基於交互作用與自我調節②。

在這方面，知名語言學家喬姆斯基（N. Chomsky），針對心理學家史金納（B. F. Skinner）的詮釋，提出了無庸置疑的批判，並證明不可能存在行為主義和聯想主義那樣的語言學習模式，這對於心理學領域可算是立下不小的功勞。但是，他的一個結論說是，在他的「生成語法」（grammaires génératrices [generative grammars]）的轉換規則之下，最終將會發掘出一種「天生的固定核」（noyau fixe inné [innate fixed nucleus]），其中包含有諸如主詞—謂詞關係之類的若干必要結構。然而，如此的論點其實也還涉及若干問題有待解決。首先，從生物學的角度來看，需要提出解釋來說明，單純只是大腦中樞組織的形成如何使得人類

---

② 指出下面不同的觀點，可能有助於釐清我的立場：赫爾的知名學生柏蘭（D. Berlyne）把我歸為「新行為主義者」（néobéhavioriste [neo-behaviorist]）（請參閱 *Psychol. et épist. génétiques, thèmes piagétiens*《心理學與認識發生論：皮亞傑學派的主題》，Dunod 出版社，1966 年，頁 223-234）；另外，有一位學者貝林（H. Beilin）則反對這種看法，而是主張我是「成熟論者」，並且認為如此歸類是有道理的，因為我訴諸內源性的建構。不過，我既不是新行為主義者，也不是成熟論者，我主要關切的是新穎結構持續形成的問題，此等新穎結構既不是先行存在於環境之中，也不是主體內部在發展的各階段之前就預先形成（請另行參閱《研究報告》第十二卷）。

有可能習得語言；再者，如果要主張大腦中樞先天就賦有語言和理性思維的根本形式，個中來龍去脈所需要釐清的細節就更加棘手難為了。另一方面，從心理學的觀點來看，如果喬姆斯基的主張是對的，亦即語言的發展是由於先有智慧作為基礎，而不是反過來，這充其量也只是虛而不實的假說。就此而言，我們只需要指出感覺—運動智慧，就可以給這個假說提供經驗上的證據，因為這種智慧的結構化就是出現在嬰孩會說話之前，雖然這種智慧的結構化的確是要有神經系統的成熟作為先決條件，但更關鍵的是，立基於透過逐步共通尺標化和自我調節而達成的一系列平衡化（équilibrations [equilibrations]）（請參閱本書第一章第一節）。

再來，傑出的生態學家羅倫茲（K. Lorenz），他主張的知識結構也是屬於天賦論，其論述風格，從表面來看，頗為類似於康德（I. Kant）。知識的「範疇」（catégories [categories]）是先天形成的生物構造，並作為一切經驗的先決條件，這情況就如同馬蹄和魚鰭在胚胎發生（embryogenèse [embryogenesis]）是受惠於遺傳編程（programmation héréditaire [hereditary programming]），並且在個體能夠運用之前很早就已經決定表現型〔顯型〕（phénotype [phenotype]）。但是，由於物種之間的遺傳分歧不一，因此顯而可知，如果這些先驗性要保留康德「先決條件」（conditions préalables [preconditions]）的概念，那就必須犧牲如此結構的本質性以及它們的統一性（換言

之，如此結構就不是內在必然的本質，也缺乏統一性）；對此，羅倫茲也坦然承認，退而結論說，這些只是「先天的工作假說」（hypothèses de travail innées [innate working hypotheses]）。因此，我們可以看出，此等詮釋和我們支援的觀點全然背離，根據我們支持的觀點，認識的結構確實是必然的，然而此等必然性是在發展的終點才達成的，而不是在一開始就預先存在，並且也不涉及任何先驗的遺傳編程。

如果，羅倫茲的假說是和正統的新達爾文主義（néodarwinisme [neo-Darwinism]）完全符合的話，這就提供了另外的論證，得以支援我們譴責此等生物學觀點太過於狹隘。事實上，當前遺傳生物學觀點，譬如：沃丁頓（C. H. Waddington）所提出的「表觀遺傳系統」（système épigénétique [epigenetic system]），或是邁爾（E. Mayr）所稱的「表觀基因型」（épigénotype [epigenotype]），都已經使得前述新達爾文主義正統觀點，顯得落伍而不再為人採信。事實上，目前關於表現型〔顯型〕的觀念，乃是將其視為遺傳因素和環境影響之間，從胚胎發生階段起，一種不可分割的相互作用的產物；因此之故，就不可能在先天賦予和後天習得之間，追溯尋找出一條固定的界限，因為在這兩者之間，發現的是發展所特有的自我調節區域。在認知行為方面，更是不可能區分先天和後天的固定界限。

事實上，在認知基模方面，包括感覺—運動基模在內（但本能除外，我們後面會回頭來談本能），遺傳與成熟的

角色都侷限於，只能決定後天習得此等基模的不可能性或可能性的範圍有多大。但是，此等基模的實際習得，還需要有與時俱進，來自經驗輸入的外在與料，也因此得經過環境的中介，同時還有自我調節相關聯的逐步內在組織作用。總之，如果為了要說明認知行為（乃至於對於有機體的任何修飾），我們有必要訴諸經驗論者所忽視的內源因素；但是，這並不代表，我們就必須結論說，所有內源的都是來自遺傳編程的結果；因此，我們還需要考量有機體的自我調節因素，這些因素也是內源的，但是它們的效應卻不是先天既已決定或賦予的。

　　然而，還遠不止於此。在現實上，自我調節同時呈現出下列三個特點：（1）自我調節是遺傳特性傳遞的先決條件；（2）自我調節比遺傳特性之內容更為普遍；（3）自我調節最終結果將達到更高級的必然性。依次說明如後：

　　（1）首先，我們應該要記住，調節（連同其反饋作用等）乃是可見於有機體的所有層級（亦即基因體以上的所有層級）。調節基因（gènes régulateurs [regulatory genes]）在其中扮演操作者的角色，並且如同杜布贊斯基（T. Dobzhansky）所描述的，是以交響樂團的模式，而不是一群獨奏者的模式，而發揮調節作用〔請比較，多基因性（polygénie [polygeny]）和基因多效性（pléiotropisme [pleiotropism]）；多基因性是指多個基因對應到一個遺傳特性；基因多效性是指一個基因決定或影響多種遺傳特性〕。

同樣地，族群的「基因庫」（pool génétique [genetic pool]）遵循平衡定律，誠如杜布贊斯基和史帕斯基（Spassky）的古典實驗所揭顯。因此，很清楚，某些調節因素作爲先決條件，決定或影響遺傳特性的傳遞，但它們自身，嚴格來講，並沒有跟著傳遞下去，因爲它們繼續存在，但沒有再發揮作用。

（2）其次，由於遺傳的特性主要是在物種之間有所不同，而比較不是在個體之間的不同，因此，調節作用呈現的就是比遺傳特性更爲普遍的形式。

（3）最後，一個遺傳特性可能傳遞下去，也可能不傳遞下去，這是有待相關條件決定的，而不是必然的，亦即遺傳的結果並不具有常態形式（forme normative [normative form]）；但是，調節作用則是從一開始就在常態與變態之間做出區分，並且傾向給常態更高的比重，並且在行爲層級上，只要操作建構出調節作用下的極限情況，其結果就具有常態形式的必然性（請參閱本書第一章第四節）。

第三節　從本能到智能

但是，在認知功能的發展中，如果遺傳特性傳遞所扮演的角色似乎相當有限；那就有必要把構成本能的「實用知識」（savoir-faire [know-how]），此等特殊種類的知識，分隔出來另行考量。事實上，有關認知行爲的本能，除了內

容的遺傳編程之外，還包括了形式的遺傳編程。認知行為的形式，類似於感覺—運動基模的形式，兩者不同之處在於，感覺—運動基模本身與其具有決定作用的指標（indices déterminants [determining indices]）〔亦即IRM，或「先天意符指標」（indices significatifs innés [innate significant indices]）〕乃是遺傳傳遞而來的。因此，關於認知行為的形式，我們發現的是一些類似於前語言智慧的結構，只是此等形式是天賦而固定不變的，不可能隨著表現型〔顯型〕的建構而有所修飾。廷貝亨（N. Tinbergen）甚至提出以「本能的邏輯」（logique des instincts [logic of instincts]），來進行論述；所謂本能的邏輯，其實也就是器官的邏輯；換言之，也就是有機體本身天賦的器質官能，而不是智慧所建構而成的可變動技能。

　　因此，這當中的關鍵問題就是要去理解，如何從本能過渡到智慧，或者換個方式來講，智慧如何從本能浮現而出。在這方面，拉馬克主義的取向是要在本能當中，找出一種能夠穩固遺傳的智能（後天習得的特性能夠穩固遺傳下去）。相對地，其他論述者，大多數擁護新達爾文主義的取向，則堅持本能和智慧之間的自然對立：本能的特性是剛性（rigide [rigid]）、盲目〔無意向性〕（aveugle [blind]）、不會出差錯（infaillible [infallible]）；相對地，智能的特性則是變通彈性（souplesse [flexibility]）、有意識的意向性（intentionnalité consciente [conscious intentionality]）、可

能出差錯（faillibilité [fallibility]）。在現實上，根據我們有關本能的理解，而提出立基於基模的本能模式，並將本能行為仔細區分為三個面向，每個面向的發展都有逐級提升的階層化的（hiérarchisés[hierarchically]）進展：（1）第一個面向，介入所有行為之間的普通共通尺標化協調作用，包括：各種活動的先後順序、基模的相互重疊，相互對應（例如：男性行為和女性行為之間的對應）、相互替換〔例如：格拉塞（P-P. Grassé）的共識主動性（stigmergies [stigmergies]），白蟻透過這種本能，來排列可相互替換的白蟻巢若干建築單元〕等；（2）第二個面向，行為內容的遺傳編程（programmation héréditaire [herediary programming]）；（3）第三個面向，個體對環境多樣化的適應（ajustements [adjustments]），通常是傾向對環境或經驗的順應（accommodation [accommodation]）。因此，從本能到智慧的過渡，唯一趨於消失或減弱的，就是這當中的第二個面向，也就是行為內容的遺傳編程。另外，第一面向的普通形式，一旦從其固定的內容解放出來，就會透過反身抽象而產生多樣化的新建構；此外，第三面向的個體適應也會伴隨而發展出現。

總之，智能從本能浮現而出的過程，伴隨出現兩種發展，這兩種發展的方向雖然不同但卻相互關聯：一種是內化（與前述第一層級相對應），發展方向是朝向邏輯—數學方面（就前面提及的本能的邏輯而言，幾何概念的發展就相當

引人注目）；另一種是外化，其發展方向是朝向學習與經驗導向的行爲。這種內化、外化的雙軌發展過程，雖然可能會讓人回想到，好像是在心理發生的開端才開始出現（請參閱本書第一章第一節），但是其實早在這之前（譬如，這裡所描述的生物發生的層級），就已經有出現如此的雙軌發展；就我們所知，各發展階段之間的過渡，都有出現類似的雙軌聚合趨同、重新建構，因此，這一點也就很自然，並沒有什麼特別令人驚奇之處了。至於在這些轉化發生所在的種系發生（phylogénétiques [phylogenetic]）層級上，無疑是與大腦「聯合通路」（voies associatives [associative pathways]，亦即既非傳入通路，也非傳出通路）的發展有關聯。在這方面，我們應該注意羅森茨維格（M. Rosenzweig）、克雷什（D. Krech）與同僚實驗研究顯示，後天習得知識累積結果，能夠有效促進個別受試者大腦皮質的生長。

　　不過，即使如上所述，本能構成有機體在遺傳方面預先編程好的前智慧（préintelligence [pre-intelligence]），我們仍然得記得，如果變異和演化的問題沒有從生物學方面獲得充分解決，僅只是將其歸諸於本能與遺傳，那麼就只是推延而沒有眞正解決認識起源發生的問題。在這方面，我們仍然面臨重大的難題。一方面，拉馬克相信，後天習得的特質是可以遺傳的，並且認爲環境的作用與天賦特性的起源有關。另一方面，二十世紀初葉的新達爾文主義〔仍然有許多論述者接受，並且直到晚近，仍活躍於各種稱爲「綜合」

（synthétique [synthetic]）的理論〕則認為，遺傳特性的變異與環境作用無關，環境因素乃是在選擇適者生存的遺傳特性的時候，才開始發揮介入作用。不過在目前，這種簡單的偶發和選擇淘汰作用的模式，越來越顯得不夠充適，逐漸由迴路模型取而代之。另一方面，如前所述，表現型〔顯型〕是基因體對環境作用的「反應」而表現出來的，而懷特（L. L. Whyte）甚至更進一步論稱，把調節突變的能力歸諸於細胞。另一方面，有論者主張，選擇淘汰作用僅僅與表現型〔顯型〕有關聯，並且經由表現型〔顯型〕局部選擇和改變環境，進而持續發揮影響作用。因此，在內部變異（特別是重新組合）和環境之間，存在著一組迴路。於是，這就容許沃丁頓提出「遺傳學的同化作用」（assimilation génétique [genetic assimilation]）概念，並重新談起「習得特性的遺傳」問題，不過論述問題的形式有別於拉馬克主義，並且超越新達爾文主義簡單化的模式。總之，在認知結構的生物發生領域，把起源歸諸遺傳的作法，大抵而言，就是把發生起源方面的問題，暫時轉移到內部組織和外在環境分別作出的貢獻，但是到頭來，卻還是讓我們必須重新回頭，去面對解決遺傳和環境相互作用的根本問題。

第四節　自我調節

一般而言，如果我們要說明認知結構的生物根源，以及

此等生物根源之所以成爲必然的事實，我們的取向就不能只是思考外在環境的單獨作用，也不能只思考純粹有機體內部預先形成的先天結構，而需要去檢視兩者迴路當中的自我調節作用，以及有機體內在趨向平衡的傾向（《研究報告》第二十二卷和第二卷）。

　　首先，姑且不提前兩種取向內含的困難，支持採取第三種取向的首要正面理由就是：有機體各個層級的作用，下至基因體，上至行爲表現，全都可以發現自我調節系統；因此，自我調節似乎是最普遍存在於生物組織的特徵。事實上，在基因體的層級，就有若干學者提出各種自我調節的系統，例如：勒納（Lerner, 1954）[3]，追隨杜布贊斯基和華萊士（Dobzhansky & Wallace, 1953）[4]，提出「遺傳體內恆定」（homéostasie génétique [genetic homeostasis]），用來指稱囊胚（blastula [blastula]）的結構調節，這種胚胎發生階段特有的動態平衡，沃丁頓命名爲「生理恆定」（homéorhésis [homeorhesis]）；種類多元的調節體內環境

---

[3] I. M. Lerner（1954），《遺傳的體內恆定狀態》（*Genetic Homeostasis*），Oliver & Boyd 出版。

[4] Dobzhansky & Wallace（1953），〈果蠅體內恆定的遺傳學〉（The genetics of homeostasis in Drosophila），《美國國家科學院會議記錄》（*Proc. Nat. Ac. Sci.*），華盛頓出版，第三十九卷，頁 162-171。

的生理恆定；種類多元的神經系統的調節（包括如前所述的神經反射的回饋作用）；各層級的認知行為都可觀察到的調節與恆定。由此可見，自我調節似乎是生物組織最普遍的一種特徵，並且也是有機體和認知反應共通的最普遍機轉。

第二點理由，立基於自我調節的詮釋取向，之所以能夠產出特別豐富的研究成果，乃是因為此等詮釋說明了認知結構的建構過程，而不只是提供現成的結構，然後只需要從中探尋以先天結構狀態存在的種種知識範疇，對於知識起源的詮釋就算完成了。比方說，如果我們如同羅倫茲，想要以遺傳來證成普通理性思維發生之前的特性，那就代表我們必須接受，比方說，數字是「天賦的理念」（idée innée [innate idea]）。但是，應該在哪裡停止呢？我們是否必須承認，原生動物（protozoaires [protozoa]）和海綿在其遺傳的結構當中，已經具有數字的概念？再者，設若它們已經擁有數字的概念，那是僅止於「自然數」，抑或是我們還得假設牠們也有「潛能的」種子，蘊含有無窮盡對應於數學家康托爾（G. Cantor）提出的超限〔超越界限〕數（nombres transfinis [transfinite numbers]），包括「ℵ阿列夫」（aleph [aleph]）序列，和所有的「ω奧米伽」（omégas [omegas]）超限序數？另一方面，以有機體的自我調節為基礎出發，來解釋邏輯─數學操作如何形成，就只需要去探究，感覺─運動智慧最初階段所立基的初級建構工具（技能）是如何形成的，以及研究此等工具（技能）如何受到新的自我調節而產

生修飾，進而超越界限〔超限〕邁向後來更高層級的階段，如此等等。現在，有機體的自我調節已爲我們提供了逐層發展的無限重建進程的圖像，在這當中，高層級的結構形式並不需要預先蘊含在低層級的結構形式之中，低高層級之間的連結就只是存在類似的操作，使得有可能發展出新穎的建構，如此一來，低層級就能超越界限前進到高層級。換言之，多樣化的調節形式，連同加入層級之間存在若干共通或類似的功能作用，這就構成了我們在行爲方面觀察到的一種先行形構（préfiguration [prefiguration]），經由不斷的自我調節運作，而活化驅動串聯起前後層級結構之間的連續性。這些自我調節，在透過預期的或「完美的」調節作用的關鍵操作事件之後，完成最終的過渡跨級，從而變成不間斷的迴路之眾多可能連結當中的一道環節；因此，如果再次主張，超越層級界限的開端都是循著某種反射或某種基本迴路的其他起點，那都是武斷的看法，因爲在有機體的所有階段都可能發展走出不盡相同的通路。

　　現在，讓我們循著反過來的順序，重新檢視認知發展的進程，看起來似乎無可爭辯的就是：在邏輯─數學操作出現之前，先有前操作階段的表象再現層級，透過嘗試錯誤的摸索及諸多調節修正，在前面做好鋪路準備工作。同樣，也可以看得很清楚：這些建構的起點，並不是行爲層級上的語言，其根源乃是存在於感覺─運動階段各層級諸多共通尺標化的活動（例如：排列順序、互相重疊、系列對應等）。

但是，我們也已經很清楚，這些共通尺標化並不構成一個絕對的開端，在它們之前還需要有神經的共通尺標化〔協調〕作爲先決條件。在這方面，麥卡洛克（W. McCulloch）和畢茲（W. Pitts）諸多卓著而馳名的分析，已經證實了，細胞突觸連結（connexions synaptiques [synaptic connections]）的內在轉化跟邏輯運算元〔操作元〕（opérateurs logiques [logical operators]）之間的同構〔同態〕性；不過，這當然不意味著「神經元邏輯」事先就包含有思維的命題邏輯，因爲這還需要等到十一歲到十二歲〔形式操作階段〕，開始發展反身抽象的建構之後，才可能達到此等命題邏輯思維的層級。至於神經的共通尺標化或協調化，和有機體所有層級的自我調節有如何的連結關係，這方面的議題當然就有待生物學去探討解決了。

最後，剩下的還有主體與客體之間關係的問題，以及關於邏輯－數學操作、實物經驗與（之後的）因果關係之間爲何會有如此驚人的一致性，這方面的相關問題。在這方面，心理發生和認知工具〔技能〕的生物發生之間相互依存的緊密關係，似乎提供了一個迫使人不得不採信的結論：如果，有機體形成具有建構操作活動之主體的開端起源，那麼儘管有這些建構活動，此等有機體的主體應該無異於其他的物理、化學客體；換言之，他終究仍是一個物理、化學客體，即使透過種種建構而增加了新穎性，仍舊必須服從於物理、化學的規律。因此，主體結構與物質〔物理〕現實結構之間

的連結，乃是透過有機體內部而建立，而不是（或至少不僅只是）透過外部經驗的管道。這並不意味著，主體有意識覺察到這一點，也不意味著，當主體看著自己進行體力活動、飲食、呼吸、看或聽的時候，就懂得個中涉及的物理原理；不過，這的確意味著，各種操作的技能確實是隨著主體執行此等活動發展而成，這些都發生在物理系統之內，並且由物理系統決定該等操作技能的基本形式。我們意思也不是說，操作技能因此事先就受到限定，並且是侷限於物理世界之內，因為當操作技能進入蘊含可能性與不可觀察事項的非時間〔與時間無關〕（intemporel [non-temporal]）世界時，就完全超越了物理世界，而不再受其限制。不過，我們也必須指出，這當中反映出如後的事實：雖然先驗主義不得不訴諸宇宙與思維之間存在著「預先設定的」和諧〔在數學家希爾伯特（D. Hilbert）的理論，仍可看到類似的肯定〕，但實際上，此等和諧是「〔後天〕建立」的，並且是從有機體的根源開端，不斷向未來無限延伸的漸進優化歷程。

第三章

從發生認識論角度來重新考量古典認識論問題

在完成檢視知識發生的起源之後，我們還得再追問，此等分析所得來的結論能否應用來解決一般認識論的重大問題，因為這才是發生認識論聲稱可以達成的重要使命。

第一節　邏輯的認識論

如果說，邏輯的實行就只是公理化（axiomatisation [axiomatization]），此外別無他物，那我們就必須避免任何「心理主義」（psychologisme [psychologism]）。換言之，不應該涉入混淆了事實和範數（norme [norm]）。在這裡，「心理主義」是指若干尚未形式體系化之邏輯學（logiques non formalisées [non-formalized logics]）的特徵，卡瓦耶斯（J. Cavaillès）和後來的貝斯（E. W. Beth）等人一直都在批評，現象學有涉入心理學主義的缺失。儘管如此，發生學的研究很有可能帶來一絲曙光，幫助照亮個中有待釐清的三方面基本問題：（A）邏輯形式體系化的過程與「自然的」思維過程之間，可能有著什麼樣的關係？（B）形式邏輯是關於什麼的形式體系化？（C）邏輯形式體系化過程為什麼會遭遇如哥德爾（K. Gödel）所揭示的各種限制？

（A）數學家帕許（M. Pasch）論稱，形式體系化過程的行進步驟與自然思維的自發傾向，兩者是反其道而行的。如果，我們把自然思維的特徵限定在主體有所意識的內容，那麼無庸置疑，帕許的前述論點當然就是正確的，因為日常

思維傾向於向前看；相對地，形式體系化卻是致力於回頭看，以便決定所有斷言是否具備必要和充分條件，以及外顯地排除所有的中介實質步驟和結果。另一方面，如果我們著眼於認知結構的發展和結構的進步精緻化，無論主體本身是否對此有所意識，那麼精確而言，個中進步精緻化就在於，把形式和內容分化區隔開來，從較低層級出發，透過反身抽象，創造新穎的形式，而達到進步精緻化。就此而言，邏輯學家的形式體系化似乎就是把這整體統一而連續進展的過程延伸到較高的層級，而不是反向而行；不過，個中關鍵還是增添了本質上新穎的元素。

實際上，如果公理化是立基於某些反身抽象過程之上，那公理化就給此等過程增添了越來越自由的機動性。當邏輯學家從自己的思維推導出一些基本原則，譬如，同一律（identité [identity]）、無矛盾律（non-contradiction [non-contradiction]）、排中律（tiers exclus [excluded third parties]），這當中很明顯就可以看到有抽象過程。但並不僅於此，回顧公理化的歷史，我們可以發現，在早期，比方說，在歐幾里德時期，公理仍是相當直覺、不證自明（因此，可以很簡單就直接借給自然〔日常〕思維拿去使用）。回溯來看，抽象提升到分化的活動層級，變得開始有所意識到目標〔客體〕，並將目標〔客體〕予以概括類化，從而獲得新的能力，能夠提供基礎給越來越不那麼直覺的理論〔在這方面，非歐幾里德幾何（géométries non

euclidiennes [non-Euclidean geometries]）標誌著一個根本的
轉捩點〕。如此一來，形式體系化就透過自身的功能而變得
專殊化，得以自由去選擇符合體系所需求的公理，而不再需
要依賴於自然思維所給予的元素。說得更精確些，如果我
們把反身抽象區分為兩類：一類是準幾何意義（sens quasi
géométrique [quasi-geometric sense]）的「反射」（réflexion
[reflexion]），把先行的關係投射到新的思維平面；另一類
是理智意義（sens noétique [noetic sense]）的「反射」，為
了要在新的思維平面上，完成先行關係的再建構，所必須
展開的重新組織（réorganisation [reorganization]）。那麼，
後一類的反射就會比前一類的反射越來越吃重。這當中的
再建構會包含越來越多樣化的再組合，而且再組合也會越
來越自由。因此，比方說，有能力建構三值邏輯（logiques
trivalentes [trivalent logic]），這種邏輯不同於日常思維，不
過兩者距離還算相當接近；乃至於建構無窮多值邏輯，這種
邏輯與我們直覺包含排中律的日常思維，距離就很遠很遠
了。

　　簡而言之，從發生學的觀點，我們大可以把形式體系
化看作是反身抽象過程的一種擴展，並且已經出現在思維的
發展當中。但是，因為形式體系化擁有日益增強的專殊化和
概括類化，因而展現出可以自由而豐富多樣地組合諸多可能
性，結果就大大超越了自然思維的範圍；形式體系化之所以
能達到如此自由而豐富的境界，乃是透過類似通過可能性而

預測現實的過程（請參閱本書第一章第六節末尾）。

（B）從這裡，跟著就來到了我們的第二個問題：形式邏輯予以公理化的是什麼？在數學史上，形式體系化的理論幾乎總是把早先、直覺的或「素樸的」（naïve [naïve]）理論予以形式體系化。然而，在邏輯領域，就不是這麼一回事；仍然很難確認，邏輯公理體系如何可能有個絕對的開端，因爲選擇作爲公理的那些未經證明的命題，以及用來定義後端概念的那些未經定義的概念，不論前者或後者，都隱含著諸多明暗程度不等的關係。另一方面，關於邏輯要素的位置安排，例如：由命題p和q（或它們的眞值）十六種可能組合所形成的所有子集的集合，這當中就已牽涉到先行存在於此等體系的若干操作，亦即某種特定的組合操作，從而決定最後的幾何代數結構，到底是布林代數（l'algèbre de Boole [Boolean algebra]），抑或是它的有補分配格（réseau distributif complémenté [complemented distributive lattice]）。

對於這個問題，第一個解決方案就是去假定，邏輯就是我們對客體知識的公理化，這也就是斯賓塞（H. Spencer）所提出的「關於任何可能之客體的物理學」（physique de l'objet quelconque [physics of any objects whatsoever]）；簡而言之，就是從客體的形式或客體之間的關係開始抽象，「而不依賴於客體條件」，也就是不依賴於客體特定的量化特性或物理特性；在某種程度上，這也是龔塞思

（F. Gonseth）的主張。但是，物理客體存在於時間之中，並且總是在時間當中有所變化；所以，當龔塞思談到客體的同一律（A＝A）、無矛盾律（不能同時既是A，並且又不是A），或排中律（要麼是A，要麼是非A），這些就已經不是物理客體的問題。由於物理客體總是表現出某種變化，因而部分地超出了這些規律，因此，物理客體的問題，就反而比較是關於「對任何可能之客體*有影響作用的行動*」（*actions effectuées sur des objets quelconques* [*actions performed upon any objects whatsoever*]）的問題：這是非常不同的，因爲這些行動預先形塑了主體的操作活動。

　　然後，如果我們從主體的觀點來看此等問題，首先可能會考量邏輯是一種語言，並且如同當代實證主義那樣，將其聯繫到某種普通語法（syntaxe [syntax]）和普通語意學（sémantique générales [general semantics]）：在此種情況下，邏輯就不再構成恰如其名的只是一種〔特定的〕認知，而是認知的純粹形式，其公理化只限於確認分析屬性或套套邏輯（恆眞屬性）。但是，發生學的研究顯示，智慧先於語言而出現，而且此等前語言智能已經包含了某種邏輯〔不過，這種邏輯，基本上，是關聯於活動基模的共通尺標化（例如：聯集、重疊、順序、對應等）〕，喬姆斯基語言學研究結果也支持此等研究發現。其次，我們研究中心出版的《研究報告》第四卷，也發現有發生學方面的扎實根據，證實了奎因（W. Quine）對於他稱之爲邏輯主義

「教條」之一的批判〔此教條亦即：分析判斷（jugements analytiques[analytic judgments]）和綜合判斷（jugements synthétiques[synthetic judgments]）的澈底二分〕。事實上，我們發現，分析判斷和綜合判斷之間，其實是有各式各樣的中間過渡連結，所有關係在一開始時都是綜合屬性，然後在某些情況下，根據其「內涵」（compréhensions [connotation]，亦即主體賦予其所用之概念或操作的意義，例如：在 $2 + 3 = 3 + 2$ 中，「＋」的內涵意義），才轉而變成分析屬性。

事實上，一切認識在初級層級都是從經驗開始，但是從一開始我們就能分辨，客體抽象的物理經驗，有別於主體活動協調反身抽象的邏輯—數學經驗（例如：把客體排成順序，相對於，為了驗證 $2 + 3 = 3 + 2$ 而操作調整順序）。照這樣來看，如果我們把「套套邏輯」只理解為某些操作具有「恆真」（toujours vraie [always true]）的性質，那麼說操作具有所謂「套套邏輯」特徵，似乎就是有充分根據了；但是，「恆真」決不等於就是「同一」，因為「恆真」可能產自於包含同一化與多樣化的組合過程。而且，每個形式體系化的體系都必須立基於公理，而公理的三個判準是：完備（suffisants [sufficient]）、相容（compatibles [compatible]）、獨立（distincts [independent]）；換言之，彼此不能互為套套邏輯。

如果，照這樣來看，邏輯遠不僅止於某一語言的公理

化，那麼，我們是否因而必須就此作出結論，邏輯就是要把自然「思維」形式體系化呢？這問題的答案，既是肯定，也是否定。如果，我們所指的自然思維，是指主體有意識的思維，是帶有直覺或不證自明的感覺，那就絕對不能作出上述的結論，因爲所謂直覺和不證自明的感覺，在人類歷史進程〔伯納斯（P. Bernays）〕與個人發展過程都有所變異而不盡相同，不足以作爲奠定邏輯的充適「基礎」。反之，我們可以越過可觀察的事項，不是根據主體有意識所「說」〔語言〕或所「想」〔思維〕的內容，而是根據爲了解決新的問題，所「做」的操作和調節，從中嘗試去建構出結構。在這種情況下，我們就發現，我們是在處理如同 *INRC* 群這樣可以邏輯化的結構，*INRC* 群是1949年我們觀察研究兒童行爲時發現的（請參閱本書第一章第六節）。這樣，如果我們是以此等特殊而有限度意義的自然結構，來看待自然「思維」，那麼就沒有理由不可以說，邏輯就是對於這些結構的形式體系化，並且在日後自由超越這些結構，正如同科學算術是「自然數」的一部分，而同時又使自然數越來越臻於完備。

　　比方說，亞里斯多德的邏輯就提供了一個很有啓發意義的好例子，可以幫助我們看清楚，如何可能從自然結構過渡到形式體系化的再建構。很明顯，亞里斯多德這位希臘史塔吉拉人（Stagirite）並沒有意識到，最初結構所提供的一切可能性（他不明白，有存在關係邏輯或集合結構）；因

此，進行形式體系化，乃至於進行三段論法（syllogistique [syllogistic]，這是一種直覺、準形式體系化）所必需的反身抽象，乃是透過若干階段分批次逐步重建而成的；後來的人，也是經由此等相同的進程，而有可能完成這所有的形式體系化運作。不過，說邏輯就是自然操作結構的形式體系化，這並沒有在任何方面排除前述（A）部分所提及的，公理化會產生一種專殊化的思維形式，從而獲得它本身的自由和特有的豐富性〔關於（A）與（B）的問題，請參閱《研究報告》第十四卷到第十六卷〕。

（C）關於自然結構的形式體系化與個體心理發生過程這兩者之間的關聯，個中重大啓發意義在於：儘管形式體系化有其自由和威力，但在發展過程也會達到其界限〔請參閱哥德爾（K. Gödel）、塔斯基（A. Tarski）、邱奇（A. Church）、克利恩（S. C. Kleene）、圖靈（A. M. Turing）、勒文海姆－斯古萊姆（Löwenstein-Skolem）等人的著作〕。雖然，這些界限是可以替換的，並且隨著結構向前發展就不再構成界限，但在下列意義下，此等界限仍然是真實存在的，那就是：足夠豐富的形式理論，如果沒有依賴「更強的」體系作爲基礎，單只根據自身體系，既不能證明本身無矛盾，也不能決定其所有的定理。然而，由於更強的結構只能尾隨在先行結構之後出現〔例如：超限算術（arithmétique transfinie [transfinite arithmetic]）出現在初等算術之後〕，並且在階層體系中最簡單的結構總是最弱的結

構〔例如：牛頓《自然哲學的數學原理》（*Principia*，完整書名：*Philosophiæ Naturalis Principia Mathematica*）的邏輯相對於初等算術的關係〕，我們因此就面臨與發生學觀點可能有親緣關聯的兩項基本事實：（1）存在有依照結構「強度」而排列的階層（hiérarchie [hierarchy]）；（2）需要採取建構論的取徑，因為結構體系不再能適切比喻為建立在基礎上的靜態金字塔，而只能比喻為不斷增高的〔動態〕螺旋體。

如果真的如前所述，那麼該如何解釋，形式體系化的此等可替代界限呢？我們猜測，形式體系化與個體發生建構之間存在某些類似，這當中或許可以指出前述問題的解答方向，那就是：形式和內容的概念在本質上是相對的，因此形式或形式體系化結構不可能達到完全的自主性。在個體發展領域，可以看得很明顯。舉例而言，感覺—運動結構對它們所協調的簡單運動而言是形式，但是對於後續層級的內化和概念化活動而言則是內容；「具體」操作對於前述活動而言是形式，但是對於十一歲到十五歲發展出現的形式操作，則是該等形式操作處理的內容；再者，這些形式操作，對於其後各層級應用於它們的那些更高階形式操作時，則又成為該等高階操作處理的內容了。類似的道理，在哥德爾所選用的例子，初等算術是形式，它把類和關係的邏輯當作為其處理的內容（例如：數的體系是把聯集和排序當成綜合操作的內容，請參閱本書第一章第五節），而初等算術本身作為可數

項的冪集，則是超限算術處理的內容。

如果情況確實如此，我們就可理解，形式必然有其侷限性；換言之，若沒有整合到內涵更廣的形式之中，其自身就不能保證一致性，因為其存在本身乃是從屬於整體建構過程的，而它僅只是居於這全程當中的一個特定環節而已。數的體系可能還是太專門了，在這裡，讓我們舉個比較簡單明瞭的例子。在具體操作層級，我們可以在分類和序列化之間發現某些隱含的關係：在下述分類，$A + A' = B$、$B + B' = C$，等等，初級類包含到高級類（亦即A和其互補的A'包含到B類；B、B'包含到C類，如此等等）的分類當中，隱含著一種序列化的關係：（$A < B < C\cdots\cdots$）；相應地，我們也能從序列的關係（$A < B < C\cdots\cdots$），把各個項目予以分組（A包含在A和B組合的類別，A和B又包含在A、B、C組合的類別，如此等等）。然而，只要INRC群尚未建構完成，就不可能把諸如此類的類別和關係的「群集」，結合成為能夠協調反轉〔反演〕（inversion [inversion]）和關係的互逆性（réciprocité des relations [reciprocity of relations]）的獨特形式化體系。因此，只要還沒有整合到一個「更強的」結構之中，其形式體系化就仍然是不完全的。

總而言之，前述意見無疑該已足以表明，在探究邏輯認識論的重要問題時，把發生學的研究方法納入其中，是不會有什麼損失的，而且或許還會大有所得。但是，我們還是應該謹慎小心，把邏輯的認識論與邏輯學家用來過程演示

（démonstration [demonstration]）的技術區別開來。在後者那裡，心理發生學顯然沒有發揮功用的空間。

第二節　數學的認識論

當克羅內克（L. Kronecker）把「自然數」稱作上帝的禮物，同時宣稱其餘數學都是人類的創造（譯者按：「Die ganzen Zahlen hat der liebe Gott gemacht, alles andere ist Menschenwerk.」；「上帝創造整數，其餘都是人做的工作。」）；這等於承認，一切都得追溯到前科學的發端起源。然而，他沒有充分覺察，這些所謂人類的創造成果，都是能夠在「原始」社會、兒童，以及上帝的其他代表〔讓我們別忘了奧托・柯勒（Otto Kohler）的鸚鵡〕分析出來，而且在本質上，也與晚近數學家的學術成果有頗為類似之處。

比方說，康托爾（G. Cantor）引進對射〔雙向一對一〕的對應（correspondances bi-univoques [bi-univocal correspondences]）概念，作為建立集合論之基礎；而早在洪荒時代，以物易物的交易活動中，原始人早已知道一對一的對應；在兒童，甚至在較高等的脊椎動物，也都可以觀察到此等一對一對應關係的形成。布爾巴基學派（Bourbaki）的三種「母結構」（structures mères [matrix structures]；譯者按：亦即代數結構、拓樸結構、序結構），其初階但清晰可分辨的形式，都可以在兒童具體操作階段觀察到（請參閱

《研究報告》第十四卷）。

再比方說，麥克萊恩（S. McLane）和艾倫伯格（S. Eilenberg）共創的「範疇」（catégories [categories]）概念，從「組構式函式」（fonctions constituantes [constituent functions]）的層級（見本書第一章第三節），就可以在〔五、六歲前的前邏輯子階段〕兒童身上發現其應用：我們得承認，此階段兒童應用的是瑣碎意義的「範疇」，但它仍是展現了範疇基本結構的普遍存在性（個中範疇基本結構包括：蘊含特定的函式功能，以及有限的組合；請參閱《研究報告》第十三卷）。

就此而言，數學認識論有三方面主要和經典的問題：

（一）要去瞭解，數學的起源雖然是基於數量極少而且相對貧乏的概念或公理，但為什麼卻如此富饒，而能發展出無窮盡的豐富成果？

（二）儘管數學具有建構特性，這可能成為產生不合理性的根源，但為什麼數學仍然具有必然性，並因此保持恆常的嚴格性？

（三）儘管數學具有全然演繹的性質，為什麼還能與經驗或物理現實符合一致？

（A）在邏輯認識論方面，排除了套套邏輯的詮釋之後，我們將可把數學的富饒性視為是可接受的。從任何方面來看，數學上的套套邏輯概念純粹只是一種字面上的假說，因為假如接受數學的套套邏輯詮釋，還是需要解釋為

什麼，二千五百多年以來〔譯者按：從古希臘蘇格拉底（Socrates，西元前四七〇至三九九年）〕，仍然有可能以無窮無盡、前所未見的新方式來論述同樣一些東西？如此來看，這當中涉及的既是歷史評論的問題，同樣也是心理發生學的問題。在數學研究的過程中，持續不斷產生的一些新形式，既不是發現，因爲關乎的不是先前既存的現實；也不是創新，因爲創新蘊含有某種可感知程度的自由；相對地，每個新的數學關係或結構，從其構成的那一瞬間起，就都具有必然性；正是這個「建構的必然性」，引起了我們必須去探究個中構成機制的問題。在這方面，發生學面向的旨趣就是要揭顯，數學家的論述跟兒童發展早期階段的分析之間的某種趨同匯合；因此，發生學認識論的取向就能夠對個中建構的心理根源，乃至生物根源，提出可能的研究假說。

　　關於數學之所以能有如此豐饒的新穎性，數學家一般的回應就是，歸因於有可能在基礎的操作之上引入無限數量的操作。在建構E和F兩個集合（這已經就是透過操作將客體組合起來）時，我們能把集合E中的一個元素x「運用到」集合F中的一個元素y（而且僅僅是這一個元素y），在這當中，就出現了一種函數操作，它可以是對射〔雙向一對一〕（單一的x對應於y），也可以不是對射（有若干個不同的x對應於y）。我們可以從E、F這兩個集合形成$E \times F$的積（produit [product]）；再者，也可以透過基於等價關係的分割，來形成它們的商集（ensemble-quotient [setquotient]，例如：把「同胞」關係應用於「人類」集合，就產生了「民族」集合）。同樣地，我們可以透過組合法，從每一個集合匯出其「所有子集合的集合」；或者透過重複這些操作，得到以E和F作爲基礎的諸多集合的階層體系。而且特別是，不管基礎集合的性質如何，我們都能夠透過把對這些集合進行操作所得到的共通特性抽象出來，從而建構結構；然後，就可以藉助理論，來把這些結構作相互比較。如果，存在著同構〔同態〕性（譬如，歐幾里德幾何和實數理論），那該等結構就是單價的；如果，沒有存在同構〔同態〕性（譬如，群和拓樸學），那該等結構則是多價的。[1]所以，全部數學都可以按照結構的建構來考慮，而這種建構始終是完全開放的。近代數學巨大擴展的改變當中，最顯著的就是數學「存有物」（«êtres» mathématiques [mathematical "beings"]；或數學「實體」）這個術語所連結的新意義。數學存有物，已不是從我們內部或外部，一勞永逸，就可給出的理想類型的客體：數學存有物不再具有本體論〔存有論〕的意義；當數學存有物從一個層級移動到另一個層級時，它們的功能會不斷改變；施加於這類「存有物」的操作，反過來，又成爲理論研究的對象，這樣的過程一直重複下去，直

---

① 請參閱 A. Lichnerowicz, *Logique et connaissance scientifique*（邏輯與科學知識），收錄於 *L'encyclopédie de la Pléiade*（七星百科全書），頁 477。

到我們達到一種結構爲止，這種結構或者在施加結構化於較弱的結構，或者在接受「更強的」結構所施加的結構化。因此，任何東西都能按照它的層級所在，而變成「存有物」，這種情況也反映在本章第一節（Ｃ）段指出的那種形式和內容的相對性。

在這裡，雖然把數學家比擬爲兒童似乎有些不夠尊重，但是也很難否認，在數學家對操作進行持續、有意向與反身的建構操作，跟兒童據以建構數或度量衡、加法或乘法、比例等的那種原初的綜合或無意識的共通尺標化協調，這兩者之間的確存在著某種親緣關聯。

分別言之，整數是包含蘊含（inclusion [inclusion]，聯集）和序列化的綜合，可以看成是對聯集進行序列化的結果，或是對序列進行聯集的結果。同樣的道理，度量衡（mesure[measurement]）是分割（partition[partition]）和位移（déplacement[displacement]）的綜合，也可視爲對分割進行位移的結果，或是對位移進行分割的結果。乘法是對於加法再進行加法的操作。比例（proportions [proportions]），是把等值的概念應用到兩組乘法比值關係（rapports multiplicatifs [multiplicative ratios]）（例如：1:3=2:6），進而可以分配到一系列的比例（例如：1:3=2:6=3:9=4:12=5:15等）。

然而，甚至在兒童尚未有形成最初的數學存有物之前，他們就已經持續有反身抽象的運作，從而形成了最原初

開端的概念和操作，而上述所舉的這些例子就代表了已進化的反身抽象的高級形式。而且反身抽象總是包含引進新的協調〔共同尺標化〕，對早期形式演變出來的東西進行調整優化，這也就是對操作所進行的操作。比方說，在兒童學會聯集（réunion [union]，亦即把不同類組合到一個包羅更廣的類）之前，就已經先有把若干個體組合到一些類的活動，作為準備鋪路的一種操作，同時還會引進新的操作，將先前的操作整合起來，並且越來越豐富。這種情形也適用於遞移性〔傳遞性〕（transitivité [transitivity]，請參閱第28頁）等的操作。

（B）至於前進式建構之結構的嚴格性（rigueur[rigour]）和必然性（nécessité[necessity]），梅耶遜（E. Meyerson）想把理性的作用化約為只限於同一化（identification [identification]）的過程，他抱持「哲學的勇氣」（courage philosophique [philosophical courage]）論稱：數學創新的程度，取決於從現實借用的程度，也由此而變成部分的非理性。事實上，就梅耶遜的觀點說，只有同一性可以給我們不證自明性，而「多樣性」（divers [diverse]）則超出理性思維的範圍；所以，操作本身可以視為部分從現實衍生而來，因為操作擴展了活動的範圍，而且操作又引進非理性的元素，隨著建構的多樣增生，該等非理性元素也無可避免會越來越增生。這種觀點頗有意思，因為隱含，豐饒性和嚴格性成反比關係。附帶一提，邏輯實證論也主張，嚴格性和新穎

性成反比關係，但理由不盡相同，邏輯實證論是認爲，所有
數學的根本特性是套套邏輯，個中有著最大化的嚴格性，以
及最小化的新穎性。再者，梅耶遜比戈布洛（E. Goblot）更
爲前後一致，按照戈布洛的觀點，數學富饒性所從出的那些
操作建構僅僅受到早已公認的命題所規範。但是假若此說爲
眞，那麼就只有兩種可能：其一是，已公認的命題事先就包
含操作建構的產物，因而毫無新穎性可言；其二是，該等命
題沒有蘊含操作建構的產物，那麼又如何可能決定必然會產
出新穎的操作建構？因爲僅只是早先結構和新結構之間無有
矛盾，並不足以保證必然會有新結構的產生。

　　事實上，顯著而又弔詭的是，富饒性幾乎總是和必然
性連袂出現，這就需要解釋何以如此。無可否認，所謂「現
代」數學驚人的進展，個中特徵就是兩個互相關聯的進步面
向：增強的建構性和增高的嚴格性。所以，我們必須在此
等結構本身的建構內，來探索個中奧祕的「內在必然性」
〔nécessité intrinsèque [intrinsic necessity]，借用布特魯（P.
Boutroux）的說法〕。此外，將必然性區分爲兩種層級應屬
合理的作法，在此，且讓我們引述古諾（A. A. Cournot）影
響深遠的區分方法：一種就是，單純的邏輯演示；另一種就
是，在演示當中，提出「理由」來支持結論。前者只是使我
們看到，如何從已有結論包含於其中的前提組合中推導出來
結論；而後者則是，抽象出一種導向結論的合成法則，此等
法則再一次把建構性和嚴格性相連在一起。

前述第二種過程演示，一個特別顯著的例子就是遞迴推論（raisonnements par récurrence [recursive inference]），這種遞迴推論可以支援演示完整序列數字的體系，透過反覆應用體系的規則，相同結構會一再重複出現，在如此演示之下，體系內在的某一特性因此就獲得闡明。在發生學方面，也存在一種顯著的類比（這方面的詳細演示例子與討論，請參閱《研究報告》第十七卷）。聯集和序列化的綜合產生了數，但只在七歲到八歲時，才產生數的集合的守恆；然而，五歲半以上的受試者，讓他們用一隻手逐次把一顆、一顆珠子放進一個看得見的容器，在此同時，另一隻手也是同步逐次把一顆、一顆珠子放進另一個蓋著布簾的容器，如此反覆實施，不管放了多少珠子，受試者都能領會，這兩個容器內的珠子數目之間一直都會保持相等。在別的測驗沒能解決守恆問題的一個五歲兒童說：「只要你懂了一次，你就會一直都懂了。」（這似乎可以這樣解釋：逐次加進一顆、一顆珠子，就等於一系列的相互重疊〔包含、聯集〕，而手勢的連續動作，也有它本身的順序〔序列化〕，這就產生了聯集和序列化在空間和時間上的綜合。）

總之，如果結構的增生是富饒性的證明，那麼，結構的內部組合法則（例如：可逆性$P.P^{-1} = 0$；無矛盾性的起點），或外部組合法則（例如：結構之間的同構性），由結構反覆遞迴而呈顯的體系閉合，以此作為唯一的基礎，從而保證結構增生〔富饒性〕的必然（請參閱本書第一章第四

節，從發生學的觀點，檢視遞移性的例子）。不過，依照結構化的不同程度予以區分，應算是恰當的作法。在此，我們可以把結構分為弱和強兩類：（1）「弱結構類」（classes faiblement structurées [weakly structured classes]），不存在一條組合定律，無法有定律可循而把整體的特性過渡到部分的特性（例如：從無脊椎動物過渡到軟體動物），或是把某一部分的特性過渡到另一部分的特性（例如：從軟體動物過渡到腔腸動物；譯者按：軟體動物和腔腸動物都是屬於無脊椎動物的一部分）；（2）「強結構類」（classes fortement structurées [strongly structured classes]），結構之間蘊含有完善的轉換規律（例如：群與其子群）。這樣的區分，在發生學層級上已然是有效的，或許近似於結構「強度」（force [strength]）或大或小的概念，此等概念從哥德爾以來，就變得至關重要。我們甚至不排除，有可能區別出矛盾的不同程度。比方說，斷言自然數$n - n \neq 0$，似乎就比斷言質性弱結構的類$A - A \neq 0$更加矛盾。在任何情況下，我們可以演示在算術所有的空類（classes nulles [null classes]）都是同一的，但是沒有馬鈴薯並不等於沒有菠菜。[2]

　　（C）至於數學和實在之間的關係，讓我們首先

---

[2] 有一則濫用邏輯的笑話，話說，有一天，餐館老闆拒絕供應「無馬鈴薯的牛排」，因為這天店裡的馬鈴薯都用光了，他安慰顧客說，可以供應「無波菜的牛排」來替代，因為店裡還有波菜。

指出，似乎所有事物都有可能數學化（mathématisable [mathematizable]），如果不總是以對實在進行測量的方式，至少可能取得兩者之間的同構性和結構上的關係。當然，這只是一種假設，但是即便到目前爲止還抱持抗拒態度的某些領域，譬如，生命現象領域，此等假設也已經越來越受到肯定。再者，我們一向都很堅信，幾乎百試不爽的發展結果，那就是，演繹建構的數學操作結構，原本完全沒想到應用方面的考量，但在許久之後，卻爲後來發現的物理現象提供了理論構架或解釋工具。相對論和核子物理學，就提供了許多這樣的例證。

在這方面，發生學研究建議的解決是，如果基本結構，如前所見，是從活動的協調產生，而活動的協調又是從神經的協調所產生，那麼，爲了發掘它們的起源，我們就必須追溯到有機體的協調和生物物理的協調；換言之，我們必須在有機體內部，找出主體的操作和客體的結構之間的連結，如此才可能證實〔邏輯—數學〕演繹方法與外部經驗之間的聚合趨同。因爲一般而言，正如布拉舍（J. Brachet）所主張的，在某種意義上，也是亞里斯多德早已主張的，「生命是具有形式創造力的」（la vie est créatrice de formes [life is form-creative]），所以物理世界（有機體是物理世界的一部分）的物質形式與主體建構的非時間形式之間的聚合趨同，看來在原則上就是可以理解的。

相對地，比較不那麼好理解的是：邏輯—數學與外部

經驗世界之間的此等聚合趨同關係，在這過程當中，爲什麼能夠一直保持連續而沒有失落？事實上，在最原初開端的有機體結構與心理的形式操作結構之間，插入了一系列極爲漫長而複雜的結構重建過程，個中涉及個體發展方面的階段更替與聚合趨同，還有行爲方面的反身抽象與新的重新組織，如此等等的變遷，然而此等關係的連結爲什麼一直都能連續而不失落？但是，有別於外源性的學習和以經驗爲依據的理論，邏輯─數學結構的特徵就是不去質疑先行結構，而是將其視爲子結構加以整合而超越之，而初期的不盡完美只是反映先行形式的範圍較爲侷限而已。就是透過類似如此的現象，從而確保共同尺標化〔主客結構之間協調〕的普遍形式能夠連續聚合趨同而不斷裂。

　　另一方面，還有一個問題有待釐清，那就是，主體何時有能力對於哪些事物進行理性推論和體驗？也就是要去理解，旨在探索演繹的數學和兒童所經驗之材料的細節之間的交互關係。事實上，兒童最初出現的數學活動可能就是經驗屬性的：把算盤的珠子撥攏或撥開，用子集合的排列〔置換〕（permutation [permutation]）來證實可交換性（commutativité [commutativity]）等。但是，有別於物理經驗（物理經驗的訊息是從客體的特性推導出來），相對地，「邏輯─數學經驗」的直接讀取（lecture [reading off]），則只關聯到主體活動所賦予客體的特性（例如：聯集〔歸類〕、順序等）。因此，就可以肯定，一旦這些活動內化爲

操作形式時，就能以符號象徵的形式，從而也能以演繹的方式來執行；而且，隨著多層級的操作結構漸進調節優化，由基本形式而趨向進階形式，此等操作結構跟「任何可能的客體」的符合一致，就在下述意義上得到了保證：沒有任何物理經驗能夠否證此等操作結構，因為它們是依存於主體活動或操作的特性，而不是依存於客體的特性。在此，需要特別提醒的是空間操作，這種操作是源自於主體對於結構的反身抽象，以及對於經驗和物質的抽象，因為客體本身就蘊含幾何的結構。

再者，我們還需要考量，物理學史上大量存在的案例，在這些案例當中，某些實驗內容抗拒已知的操作，而需要建構新的操作。此類案例所在多有，在兒童認知發展的各階層，各種法則漸進優化過程就可以觀察得到，乃至於發展因果模式以解釋從外部施加的結構時，此類情況尤其顯著。令人驚奇的是，在看似平凡的兒童認知發展，前述的情況卻與高階層的科學思維有某些神似之處，在實驗物理學與後起的理論物理學（理論物理學仍然依賴於經驗與實驗）之間，總是可以發現，數學物理學以純演繹的方式，去再建構實驗物理學和理論物理學已經確立的東西。

我們觀察到，事實上，十歲到十一歲左右的兒童，第一個階段，開始嘗試去建立相互關係，但仍然只能關照到局部的相互關係。比方說，從兩個未協調〔共通尺標化〕的不同系統，試圖推導出空間參照的相互關係；再比方說，有考慮

到事物的不對等，但又擺脫不了經由加法操作來推出數量上的對應關係。

　　然後，在第二階段，當兩個參照系統一旦共通尺標化，或者是比例特有的乘法比值關係（rapports multiplicatifs propres aux proportions [multiplicative ratios specific to the proportions]）一旦精進優化之後，才有可能進行預測。不過，在這種情況下，經驗並不足以形成新的操作，仍缺乏充適的「直接讀取」工具；正是主體的操作活動，才促成「直接讀取」工具的建構，以及促成第三階段〔外顯化結構（structure explicative [explicative structure]）〕的建構。

　　更精確地說，在第一階段，主體基於所能運用之操作而形成過度簡化的預測，而經驗的角色只限於使主體得以否決如此的預測，進而促使去尋求更適切的預測。比方說，在探討鬆緊帶拉長的分布關係之研究中，受試起初是根據加法關係來推理，覺得好像伸長的部分只是在帶子的尾端。接著就會改變想法，認為伸長的部分應該是發生在若干長度不相等片段的尾端，但各片段尾端增加的長度〔加法關係〕都是相等的。經驗使他明白自己錯了，不過因為缺乏乘法結構和比例概念，因此仍然只能侷限於局部的關係，他會承認，較長的片段比較短的片段伸長的多些，但並不知道多的程度有多少。

　　第二階段，開始於比例關係的理解。不過，我們必須強調指出，若是沒有經驗，這種理解是不足以產生的：此等理

解建構了「直接讀取」新的經驗所必要的同化工具，至於能否有效引發該等工具的建構，則有賴於主體的邏輯—數學活動。然後，就來到第三階段，這可以直接從第二階段延伸來解釋，在這個階段，關於鬆緊帶伸長的解釋就是，力的分布傳遞（transmission distributive[distributive transmission]），因而是同質傳遞（transmission homogène [homogeneous transmission]）。從數學的觀點看來，這種因果關係的詮釋頗有意思。如果此等理解確實是由操作把因果關係「歸諸」於客體（下一節〈物理學的認識論〉，我們還會回頭來進一步檢視個中相關議題），這種解釋模式之所以有可能發展，乃是先要有主體能夠運用同化工具，得以「直接讀取」此等分布法則，而這又需要先有邏輯—數學操作的建構，「應用」到客體，這樣之後，才有可能容許如此建構的操作將因果關係「歸諸」於客體。

因此，我們可以見識到，此等個體發生學的事實，跟數學物理學源自經驗激發但不受經驗全然支配的自發建構程式，兩者之間存在著相對程度的聚合趨同。如果進一步回溯到心理發生以外的層級，我們甚至還可以在下述兩類關係之間，看到某種類似性，那就是存在於（內源性的）演繹和經驗之間的認知關係，和存在於基因體（génome [genome]）與環境之間的生物關係：當基因體以自主方式建構「模擬表型」（phénocopie [Phenocopy]），此等表現型〔顯型〕的複本並不單是從表現型〔顯型〕的活動就足以產生，而是還

需要透過積極主動的模擬作用，從而得以相符應於表現型
〔顯型〕的活動。

第三節　物理學的認識論

我們已經指出，在數學領域，晚近才出現於科學研究
的若干理念，其實早就以相當原始的樣態，出現在個體心理
發生之中，就彷彿是從終端產物浮現有意識的覺察之後，才
回頭去追溯源頭深埋的奧祕。比方說，對射〔雙向一對一〕
對應關係，以及拓樸結構，就是這樣的例子。在歐幾里德幾
何學和投影建構之前，兒童似乎早就有一對一的對應關係和
拓樸結構這兩種概念了。在物理學〔自然哲學〕領域，也可
以觀察到類似的現象。科學革命期間，先進的自然科學從未
停止提出讓人驚嘆不已的事例，大部分的古典概念經歷天翻
地覆的撼動，而需要重新再建構，例如：在相對論，重新建
構了時間、物理空間、質量守恆、能量守恆等概念；在微觀
物理學（microphysique [microphysics]）、連續體（continu
[continuum]）、粒子與波的關係，乃至於決定論等，諸如
此類的古典概念都面臨如此的革命重構。另一方面，某些概
念似乎有比較強的抗變能力，例如：在相對論的宇宙，速度
的概念似乎擁有絕對不變的含意，雖然是改以一種關係形式
來表述；在微觀物理學，「作用量」（action [action]）這個
物理量，也扮演類似於古典物理學當中的角色。現在，如果

我們把活的有機體，看作是在物理世界與主體行為或思維之間形成連結（有機體是物理世界的一部分，同時又是主體行為或思維的源頭），那麼我們似乎就可以合理抱持如後的看法：最有抗變能力的概念，同時也就是，從心理發生甚至生物發生的觀點來看，最根深柢固的概念。

（A）就運動學關係而言（relations cinématiques [kinematic relations]；譯者按，運動學是力學的分支，專門探討物體之位移、速度、加速度等運動關係，而不涉及運動關聯的力和質量等因素；相關研究討論請參閱《研究報告》第二十卷和第二十一卷），在遺傳學的動物知覺領域（研究聚焦無尾兩棲類〔包含蛙類〕和昆蟲），令人驚奇地展現，已經分化出速度知覺（perception de la vitesse [perception of speed]），以及分化的形狀和距離知覺，並在蛙類身上發現專司此等分化知覺的特化細胞（cellules spécialisées [specialized cells]），但是沒有發現與持續時間（durée [duration]）關聯的分化知覺。在人類兒童早年，存在一種直覺的速度感，沒有納入考量持續時間的因素，而只是根據純粹超前的次序概念（在空間超前或在時間超前的先後次序，而沒有考量所穿越的空間距離，或所花費的時間長短）；另一方面，還有涉入時間的速度直覺，則似乎總是連結到速度關係，尤其是連結到同時性。比方說，幼童沒什麼困難就會承認，兩個物體運動，出發點相鄰近，出發和抵達的時間相同，運動的方向平行，那它們的速度就是相同；但

是，如果其中一個物體是在遠一些的終點停止下來，他就會懷疑，抵達終點的時間是否相同。即便認清了物體起訖時間都是相同之後，仍有頗長時間依舊相信行程較長的物體花了較長時間。甚至是成年人，在觀察兩個物體運動速度不等、運動一段不長的時間，也會有一種錯覺，好像速度較快者似乎比較先終止，儘管客觀上兩者其實是同時終止的。同樣地，對持續時間長短的知覺也受速度知覺的影響。

一般而言，只要是單一的運動，幼童很快就能說出，AC路徑所花時間，要比分段的AB路徑或BC路徑分別來得久些；並且，在一段時間內，AC路徑走的距離會比走AB路徑或BC路徑的距離來得長些。再者，他們也不難察覺，聲音或閃光呈現的頻率與持續時間長短的關係。然而，只要涉及兩種不同的運動，或是兩種明顯有所區別的頻率，那就會產生判斷上的困難，因為主體必須要能夠形成共通尺標化，來協調兩個局部時間（temps locaux [local times]）和兩個局部空間（espaces locaux [local spaces]）〔或局部頻率（fréquences locaux [local frequencies]）〕，從而得以推導出兩個運動或兩種變化所共通的時間─空間關係；而且直到大約九歲之前，此等共通尺標化本質上仍然停留在次序尺標〔ordinales [ordinal]，譬如，把距離較長混淆等同於位置較遠，或時間較久（譯者按：未達於等距、等比尺標，沒有將起始點的差別納入考量）〕。

因此，我們似乎可以毫不誇張的說：當事實〔邁

克生－莫雷實驗（l'expérience de Michelson et Morley [Michelson and Morley experiment]）等〕揭顯，普遍同質時間和大尺度歐幾里德空間所做的外推都不充適時，相對論力學必須在極高速度和極遠距離之間建立共通尺標化，以便共用速度、時間、運動方向之間的一種共通尺標化過程，第一階段就在於把兩個不同運動所固有的關係共通尺標化起來，從而產生一個同質時間和歐幾里德空間。此等觀點，早在十九世紀法國數學、物理、科學哲學大師龐加萊（H. Poincaré），針對直接經驗感知同時性的條件，所提出的反思見解（至今仍然真確），就已表達得相當清晰。對於發生認識論而言，饒富意味的就是，可觀察到的運動概念關聯之心理發生事實顯示，兒童在發展個中概念過程肯定遭遇到更大的困難。因此，從一般孩童的個體發生和科學歷史的角度來看，速度概念（運動的速度，或頻率的高低）占有優先的地位，這對於認識論就具有相當的重要性。

（B）接著，讓我們來看「作用」（action [action]）這個物理量，以及一般而言的因果解釋〔外顯化〕（explication causale [causal explication/explanation]）。在這裡，心理發生的事實似乎清楚顯明，因果性（causalité [causality]）是從活動作用本身產生的，從感覺—運動層級起，在表象智慧萌芽之初，就已經開始發生出現。但是，在這層級，我們離物理意義的「作用」仍然相去甚遠，因為雖然「作用」從很早時期就已經涉入，特別是從工具活

動階段起，兒童就能直覺感知，諸如：推〔力〕（poussées [thrusts]）、阻〔力〕（résistances [resistances]）、運動過程〔力〕的直接〔無中介〕傳遞（transmission immédiate [immediate transmission]），但在這些直覺之中，也夾雜著諸多種類、未有分析的「功率」（pouvoirs [powers]），在其中，主觀的錯覺和真正產生有效作用的關係混雜在一起。特別值得注意的就是，客體之間的所有因果關係，即是根據一種仍然普通化（譯者按：主客體未分化）的心理形態主義（psycho-morphisme [psycho-morphism]），將此等活動作用和各式各樣的力量所做的歸因，從而得出的產物。另一方面，前操作階段的第二層級起，「組構函式」（fonctions constituantes [constituent functions]）逐漸精進優化，這種組構函式的出現標誌著主體去除自身中心化的開端；然後，從「具體操作」階段的第一層級，透過把操作本身歸諸於客體就證成了因果性，進而又促使形成「有中介的」傳遞（transmissions «médiates» ["mediate" transmissions]），如此等等（請參閱本書第一章第四節，頁42）。在此層級，「作用量」開始取得了一種物理意義。舉例而言，水平面的物體撞擊實驗中，兒童會承認，行動的物體 X 把被動的物體 Y 從位置 A 猛撞到位置 B，所施加的衝擊力相當於，物體 X 把物體 Y 從位置 A 緩速推到位置 B 所用的推動力。在這例子中，我們已經可以使用 fte（f：施力大小；t：時間；e：距離）的意義，來談論「作用」：對於移動一段相同的

距離，施力大小和作用時間是互為補償〔相抵校正〕（反比關係），衝擊力強，則作用時間較短；衝擊力弱，則作用時間較長。再者，推力p同時考慮到了重量m和速度v，由此得出$p = mv$，雖然如我們所見，力還沒有從運動分化出來（由此而有$fte = dp$）。具體操作階段的第二層級，這種分化才會發生；然後，到了形式操作階段，就開始有加速度的概念（由此而有$f = ma$）。

作用（action[action]）和力（force[force]）的概念的演化，如同許多研究探討的因果關係的諸多面向〔例如：力的傳遞（transmissions [transmissions]）、力的合成（compositions [compositions]）、作用力和反作用力等〕，不斷都有看到主體的操作在其中扮演角色，這些在前一段已有所揭示。除此之外，還伴隨發生有操作結構之「歸因」（attribution [attribution]）於客體本身，這是特別吸引我們注意的，因為在這當中可以看見，心理發生和科學思想發展之間，一個新的而且普遍順序的聚合趨同（convergence [convergence]）。

（C）在科學思想這個領域內，關於規律性〔定律〕（légalité [regularities]）和因果性（causalité [causality]）之間關係的問題，對於認識論有深遠的影響：規律性屬於可觀察的範圍；相對地，因果性則總是無可觀察，而只能間接推斷出來，因此引來傳統上的經驗論者，以及後來的實證論者，對於因果性的不信賴。即使我們採用米齊特（A.

Michotte）的「因果關係的知覺作用」（perception de la causalité [perception of causality]）去思考問題，我們還是不得不承認，當一個運動的物體對另一物體發生作用時，我們的確知覺到有某種東西「傳遞過去」，但是並沒親眼看見任何東西「傳遞過去」。因此，早在這基本的層面上，因果性就已經是合成產生的結果（在這例子中，就是在知覺上規律相連出現的合成結果），而不是可觀察到的東西本身。如果，因果性就是這麼一回事，那麼休姆（D. Hume）就可以繼續主張，其所謂的單純的規律前後接續（simples successions régulières [simple regular successions]），亦即「連合」但沒有「關聯」（«conjonctions» sans «connexions» ["conjunctions" without "connections"]）。

　　確實而言，構成規律性的那些普遍事實和可重複出現的關係，即便是可觀察到的，仍然需要透過主體的操作，才能被記錄下來；當然，誠如前一節再次指出的，即使是經驗的「直接讀取」，也是一樣。杜亨（P. Duhem）堅稱，觀察者看著電氣設施儀表板緩慢移動的指針，說出「有一股電流」這樣一句話，個中就已蘊含有許多的理論前提。兒童也需要先具備同樣多的理論前提，才有可能明白單純的加速度概念，或是理解立式圓筒小孔向一旁噴射的水流，是由於圓筒內高於該小孔的水柱之影響，而不是由於水的向上運動使然。位移或狀態的變化似乎是簡單可觀察的，但是從「直接讀取」那一瞬間，就已被諸多種類的關係所結構化了，當它

們被類化爲定律時就更是如此，都需要有主體持續的操作活動作爲前提。簡言之，只有經過邏輯－數學構架的中介，我們才可能認識物理事實，從此等物理事實的觀察就需要如此中介，在歸納推理過程，更是如此。但是，此等情況所涉及的各種操作仍然只是「應用」於客體；也就是說，操作給此等物理經驗的內容提供了多樣化的形式，正如它們可給任何內容提供可能接受之多樣化形式一樣。兒童個體認知發展過程顯示，此等基本操作形式的發生，對於物理事實的確認和類化都是必不可少的，到物理學家應用深奧的數學方程式來結構化物理定律，個中「應用」過程也都是相同的。就規律性的認知而言，如此的應用過程也是充足而適切的。

因果解釋過程，則完全是另外一回事。個中過程牽涉到邏輯－數學操作與客體行動作用之間的顯著交互作用。要解釋物理規律性〔定律〕，或者說，要給它們提供支持理由，而不僅是侷限在描述（無論如何深廣的分析描述也不算是解釋），首要之務，就是要能從其他的規律性當中推導出某些規律性來，進而形成體系。然而，若是推論僅是侷限於把個殊的規律性歸結到比較普遍的規律性，以便日後可以使用三段論法（voie syllogistique [syllogistic way]），再從普遍規律性推導出個殊規律性，那麼諸如此類的推論就沒有使我們超越規律性，也就沒有達到因果解釋。唯有個中過程取得了建構的形式，才能成爲解釋；換言之，解釋必須致力於抽象推出「結構」，透過結構的各種轉化，從而可能推

導出普遍規律性和特殊規律性，並且是作為此等結構的*必然*（nécessaires [necessary]）結果，而不只是恰好能夠嵌入特定序列的概括結果。這樣的結構，無庸置疑，當然是取自一定範圍的可能數學結構（已經或正在重建而使其適用於當下考量的特定問題），最終就是產生得以引入物理領域的「模型」（modèles [models]）。

　　不過，上述情況還沒有完整呈現事情的全貌，進一步而言，模型所扮演的解釋角色還涉及了，在模型的層層結構轉化（transformations [transformations]）當中，一方面，不僅在主體層面，容許物理學家的思維結構反映在關係或定律的重重迷宮；另方面，也在物質層面，有效符應於客體和現實的〔亦即「存有物層面的」（ontiques [ontic]）〕結構轉化。正是在這階段，在規律性和因果解釋之間，標示出兩方面根本差異的區別。

　　規律性與因果性之間的第一個區別：規律性可否可以停留在「現象」（phénomènes [phenomena]）層面，所以不需要決定現象背後是否有真實的實在；相對地，因果解釋是否要求「客體存在」，因此永遠需要追尋各種規模的客體存在。此等追尋可以回溯到人類歷史的開端，古希臘時代，儘管當時沒有經驗的支持，甚至也沒有實驗方法的概念，卻提出了關於原子世界的大膽假設，以原子的組合來詮釋說明現實在質性上的多樣性。

　　規律性和因果性之間的第二個區別，是由前述第一個

區別衍生而來：建構物理定律涉及的操作，只是將規律性應用於客體；相對地，介入物理結構或模型的操作則是將因果性轉借給客體，從而把因果性「歸因」到客體，客體本身由於實質的存在，而成爲操作元（opérateurs [operators]）執行操作促成體系的轉化。而且這些將因果性歸因於客體的操作，原則上，跟建構規律性涉及的操作是相同的，不同之處只在於它們是被共同尺標化協調進入「結構」，而此等結構與邏輯－數學建構成的結構相似（不同之處則是由於物理操作是介入時間和物質之中），此等因果性的歸因，因爲客體操作元在物質層面的操作，跟主體在演繹推理層面的操作，這兩者之間的聚合趨同，從而使吾人有可能「理解」物理領域的因果關係。

　　一般而言，從具體操作結構，尤其是形式操作結構（例子請參閱本書第一章，例如：遞移性和傳遞、乘法合成、*INRC* 群），乃至於不同的力學所使用的群結構，還有微觀物理學所描述的互相依存的操作元等，個中涉及的多重歸因（multiples attributions [multiple attributions]），因果解釋過程都存在著相類似功能的若干形式。

　　（D）關於邏輯—數學操作和因果性歸因操作元之間的聚合趨同，從數學—邏輯領域的觀點來看，也促使吾人提出一個普遍的問題：爲什麼這兩者之間能夠有如此的適合一致（adéquation [adequation]）〔相關討論，請參閱本章第二節（C段）〕？而從物理學的角度來看，這也導致雙方面都必

須相互詰問，若干困惑難解的問題。

假若，邏輯經驗主義（empirisme logique [logical empiricism]）是對的，那麼，由於主體可以經由知覺觸及客體，主體應該就能直接取得普遍的客觀性。當然，隨著研究廣度日益擴大，就會遭遇越來越多需要解釋的難題，但這些也都可能克服。從這樣的物理主義者（physicaliste [physicalistic]）觀點來看，邏輯－數學操作就可化約為簡單的套套邏輯語言，只用來重述觀察所提供的事項；最後，純粹的物理操作將只剩下布里奇曼（P. W. Bridgman）所描述的操作，容許觀察者去發現或再發現一些關係，尤其是於規模差異太大而無從直接觀察的度量衡關係（請比較用來估算城際距離或星際距離的不同方法）。然後，問題便是要去釐清，為什麼，從歷史的角度來看，這樣一種簡單的描繪是不適切的；換言之，也就是等於要問，為什麼物理學（實驗物理學、數學物理學都一樣）的發展，在時間上，遠遠落後於純粹演繹科學（sciences purement déductives [purely deductive sciences]），因為如果邏輯實證論的詮釋是正確的，物理學的發展理應超前純粹演繹科學，至少也應與其齊步並行。

首先，客觀性是一種過程，而不是狀態（請參閱《研究報告》第五卷和第六卷）。客觀性代表了艱難的克服過程，無有止境的持續趨近（approximations indéfinies [indefinite approximations]），因為必須滿足下面兩個條件：第一個條

件，主體只有透過自己的活動（不僅僅是透過知覺）才得
以認識現實，而在這方面，進接客觀性的先決條件就必須去
除自身中心化（décentration [decentration]）。當然，去除
自身中心化，不僅是從童年過渡到成年所特有的現象：比方
說，天文學的整個發展歷史，就是前後相繼中心化的解放
歷史，從最早年代，認為天體追隨人類活動而運行〔星星追
隨耶穌誕生的旅程，指引東方三賢人（rois mages [Magi]）
前去探尋〕，直到哥白尼（Copernic [Copernicus]）和牛頓
（Newton）時代，仍然相信我們的時鐘和量桿可以普遍適
用於全宇宙，人類中心的觀念一直都存在。例子當然遠不僅
於此。然而，主體是透過種類日益複雜而無所不包的操作結
構，對於自身的活動予以協調〔共通尺標化〕，才得以達到
去除自身中心化。至於客體，首先只有透過主體的活動才被
認識，所以客體本身必然有經由主體重新建構。因此之故，
客體就成為一種極限，主體只能試圖無有止境的接近，但此
等終極目標永遠不可能達到。因此，客觀性的第二個條件，
就是透過如此的前後相繼趨近而重新建構，在同一客體的先
後相繼狀態之間，以及不同客體之間，形成了一系列新的協
調，從而促成守恆原則和因果系統的精進優化。但是，由於
涉及的各種操作協調具有同一性，我們可以辯稱說，主體的
去除自身中心化和客體的建構，乃是同一整合活動的一體兩
面。情況確實是如此，如果我們注意到下述事實：一方面，
主體操作的協調可透過演繹而實現；另一方面，現實的建構

還必須預設一個先決條件，就是要持續參照經驗；再者，經驗的「直接讀取」與詮釋，也都需要有先行的主體行動之協調。這種情況的複雜性，無疑說明了，物理學的發展在歷史上落後於數學的原因。不管是哪一種情況，在在都顯示了，經驗主義者把客觀性看成認知功能的自發（spontanée [spontaneous]）成就，乃是虛幻而不切實際的，更別說看成認知功能的自動的（automatique [automatic]）成就。

如果，在主體的去除自身中心化與客體的再建構當中，邏輯—數學操作扮演了這樣一種必要的角色，那麼把邏輯—數學操作視為描述語言（langage descriptif [descriptive language]）的觀點就等於是說，在執行此等描述語言的角色之前，必須先建構描述的工具。然而，唯有在描述實際上是構成性的（constitutive [constitutive]）情況下，前述觀點才有意義，果真如此，那麼描述就遠不僅是單純的描述而已。可是，從物理學認識論的觀點來看，就產生了下面的問題：邏輯—數學結構（在這裡，不論是將此等結構視為只是一種語言，雖是對於理解不可或缺的要件，抑或視為形成結構化的工具，這兩種觀點並不會造成太大的差異）連結的是超乎時間之外（extemporané [extra-temporal]）的可能事項集合（ensemble des possibles [set of possibles]）；然而，邏輯—數學結構之引入到實在，首先是透過應用在客體規律性〔定律〕的確立，而後又特別是透過因果解釋過程的歸因，這當中就涉及把邏輯—數學結構實體化（incarner [embody]）在時間性、有界限的範圍之內，因而也就是與該等抽象結構之面向有關且本質有限的區域之內。在這裡，令人驚奇的是，只有當實在放置於可能和必然之間；換言之，就是把實在內插到（intercalé [interplated]）相互連結的各項可能性之間的區域內，從而演繹推論出必然的所在位置，如此之下，實在〔不只是實在的客觀性，更重要的還有實在的可理解性（intelligibilité [intelligibility]）〕才能眞正被主體觸及。

這種內插過程，在物理學理論的細節中，甚至在最基本的層級，都相當普遍。比方說，當我們透過所有虛功（travaux virtuels [virtual works]）過程的補償作用，來解釋平衡（équilibre [equilibrium]）狀態時，我們就是用系統可能相容的所有限制條件來思考，再依照必然的連結關係，把一切可能性組合出來：這也就是眞正發生的單一事實狀態的可理解性。要計算力的合成，就要把每個力當作相互獨立的向量去思考，在此同時，用向量加法把這些個別的力結合起來，此等相加使這些力全部隸屬於一組只在當下實在的強度和方向之集合。個中涉及的操作，其數學意義沒什麼特別重大，但物理意義在認識論上卻是如此奇特，以致於笛卡兒在他的九條碰撞定律（lois du choc [laws of impact]）完全迷失方向；甚至對於重力牽引的合成這種最簡單的情況，兒童也只有到了形式操作層級才能掌握。在更爲複雜的例子，例如：計算極值（*extremum*[*extremum*]）涉及的費

馬積分（intégrales de Fermat）或拉格朗日積分（intégrales de Lagrange），就可以很清楚看見，如何把實在內插放置在可能之間，從而推演出必然，如此的明顯以致於馬克斯‧普朗克（Max Planck）希望從其中看到物理世界對於終極原理（principe de finalité [principle of finality]）的從屬關係，此等終極原理對他說來似乎是與有效的因果作用（cause efficiente [efficient causation]），有著同等的客觀性，客體因此就變成為符應宇宙體系計畫的「合理性存有物」（êtres de raison [beings of reason]）。但是，如果這種合理性仍只是對於物理學家的合理性，那麼問題就要溯本清源釐清可能與實在之間的關係，而且如我們所知，正是在這些方面，所有的機率問題終於出現。

　　總而言之，物理學所要求的操作，不論是身為主體的物理學家的操作，還是客體作用涉及的操作元〔運算元〕（opérateurs [operators]）的操作，都遠遠超出布里奇曼的操作主義（opérationalisme [operationalism]）的架構，因為物理學總是涉及主體和客體雙方的結構化操作，而不僅是旨在尋訪預先給定之結構的一系列實用步驟。可以肯定，在發現之前，客體就存在，客觀的結構本身也存在。但是，我們並不是如同哥倫布航海發現美洲那樣，在操作探索之旅的終點（布里奇曼意涵的操作）而發現客體與其結構；我們只有透過建構，才得以發現客體；換言之，我們能逐步趨近客體，但沒有把握終究會觸及客體。同樣地，主體也存

在，而且即便主體的認識工具是發源於實物〔物理〕世界，並透過生物發生的中介，但此等工具不斷超越實物世界，建構由可能性和必然性連結的超乎時間之外（extemporané [extra-temporal]）的宇宙，這是比「論述宇宙」（univers du discours [discourse universe]）更爲豐富的宇宙，因爲個中轉化系統豐富了客體和主體的相互連結，從而使主體能夠更有效進接而觸及客體。

如果這些評論似乎與實情不盡相符，那無疑是因爲物理學還遠未臻於完善，迄今還未能把生物學，更別說是行爲科學，整合到它自身範圍內。因此，目前我們所考量的往往僅及於人爲簡單化了的個別領域，物理學迄今還只是研究無生命、無意識之客體的科學。假以時日，當物理學變得更「普通」〔générale [general]，借用古伊（Ch.-Eug. Guye）的說法〕，能夠觸及有生命個體乃至於會運用理性之個體內部進行的歷程，主體施予客體的認識論方面的豐富化（這是我們在此所提出的假說），或許將可出現關於觀點的簡單相對論法則，或參照架構的協調，這也將展現，一方面，對主體而言，客體只能是客體呈顯於主體的樣子，此外別無其他可能；另一方面，從客體的角度來看，主體也同樣只能是對於客體而呈現，別無其他任何的可能。

第四節　建構論與新穎性的創造

在這本小書結尾之際，有必要更密切來檢視，本書自始至終不斷遇到的那個核心問題，亦即新知識的建構，並看看發生學的觀點能在這方面提供什麼貢獻。

（A）回到前一節結尾的論點，我們指出，如果說物理學沒有到達完成之境，這是不言而喻的；同樣地，我們的宇宙本身也沒有到達完成之境，只不過，此等事實卻是認識論者常常忽視的。有證據顯示，宇宙在部分地衰亡，我們此處的旨趣不在追究此等證據，但當代宇宙學似乎又揭顯，宇宙在許多方面也有持續在創造。同樣地，如果我們考量第四紀（quaternaire [quaternary period]）物種的演化，我們會發現有一大群新的物種，首先是某些靈長類開始人化（hominisation [hominization]）；另外，還有一系列前所未見的物種，包括動物和植物。至於新穎性（nouveautés [novelties]）的表現型〔顯型〕改變（modifications phénotypiques[phenotypic modification]），從認識論的觀點來看，具有根本的重要性，在相對可塑的有機體和改變了的環境之間，透過尚未清楚理解的相互作用，幾乎可以產生任何可能的表現型〔顯型〕改變。

然而，談到生物的演變，往往迫使吾人得在真正新穎性和預先決定（prédétermination [predetermination]）兩者之間只能選擇其一，而這樣的選擇其實大有問題。由於去氧核

糖核酸DNA的可能組合是不計其數的，所以很容易就會傾向主張，把一切遺傳變異都看成只不過是預先形成之組合的現實化。根據杜布贊斯基，這是無可反駁的假說，但卻也是無用的假說。儘管如此，我們還是必須分析個中術語：「可能性」和「現實化」（actualisation[actualization]）的意涵。就此而言，可能的東西是什麼，只能在回溯過去時才能真正確定；也就是說，要在現實化〔成為現實〕之後才能真正確定；而現實化又必然會涉及與環境偶然〔適然〕情境（circonstances contingentes [contingent circumstances]）的交互作用。所以，說一個新基因型是預先形成，我們實際上的意思就只是說，這個新基因型與前面推導出它的來源之間存有某種連續性，但並不包含所有促使其現實化的必要和充分條件。更不用說，新表現型的預先形成；也就是說，對於「反應常模」（norme de réaction [reaction norm]）的改變，當然意味著，新表現型與先前狀態之間存有某種連續性，並且與環境之間也有著若干未能預知的交互作用。

一般而言，只要新的事項是偶然〔適然〕發生的，就比較容易被認定是真正的創新；但是，兒童發展過程出現的各種認知建構，雖然也是新的，卻被認為是必然的，因而就比較不認為是真正的創新。讓我們趨近來看看知識領域，這當中也有關於創新和預先形成的類似問題，那就是人類活動的創造性，特別是與科學知識密切關聯的技術。這些科學技術似乎是最為明顯的創新，每天都在改變著我們的宇宙：那

麼，它們如何夠資格稱得上是「創新」？又在什麼意義上可能視爲是預先決定？人類第一次發射人造衛星，無疑是最縝密計畫的技術行動，必須依賴與所要執行之試驗有緊密關聯的大量前備知識。我們可以說，此項行動涉及到可計算出來的組合，而組合的所有元素都是已經給定了的。可是，構想出如此一種組合，將數目龐大的異質學科資料（從天文學的資料，到燃料的性質）整合，使其中多方面因素形成必要的連結關係，這是一回事；然而，一開始怎麼會有探索這種組合的念頭，則又是另外一回事。首先，構想出此等組合的機率，甚至比生物學家布魯勒（E. Bleuler）分析估算經由結合突變（mutations conjuguées [conjugal mutations]）形成眼睛的概率還要小（依照他的分析，其所需時間要比地球年齡還要長）。很明顯，說如此一種組合是預先確定的，實在沒有多大意義。其次，關於一開始怎麼會有探索這種組合的念頭，我們發現，雖然該等念頭之出現標誌著一系列早先計畫的最終產物，然而所完成之組合則是源自於早先計畫所未包含的選擇和連結關係。因此，此等組合乃是創新的，它是一個或多個主體智慧的結晶，給予我們一些新的客體，那是我們在投入積極尋求特定連結關係之前，既不確知甚至也無從演繹推論出來的。

對於這樣的行動計畫，尚不是必然的建構，我們必須問的主要問題似乎就是，那應該算是創新，抑或是預先形成？假如我們所謂的預先決定是指，每個新的產物，僅只基

於從結果反觀可以看出它是可能的，從而就把它視為預先決定的，那麼我們就必須改變問題，試著去確認，相對於現實及其持續的變化而言，可能性的本質是恆定的，因為一切可能性都是既予的（meublé [given]），並且與時間無關（intemporelle [non-temporally]）？抑或是，可能性本身也是可能變化的，意思是指，隨著可能性的某些部分成為現實，而開啟「新的」其他可能性？似乎無可否認的是，所有創新都會開啟新的可能性，從生物層次的變異，到人類特有的活動和技術之建構，都是如此。但是，對於先後相繼發展出現的認知操作結構，這一點是否也正確嗎？畢竟，每一操作結構一旦建立起來，看起來似乎就是必然的，並且可以從前面的結構演繹推導出來，果真如此，那究竟該算是創新，還是預先形成呢？

（B）我們已經見識到，認識發生的過程，如何從一開始的物理〔實物〕活動出發，逐步進展到非時間性，以及對諸多可能性保持開放。另一方面，我們也見到，物理〔實物〕事實如何引入邏輯—數學構架之內，以及主體的操作如何歸因到客體，進而從可能性推導出必然性的現實，就彷彿只憑可能性就能實現可感知的時間歷程轉化似的。而這和柏拉圖主義（platonisme [Platonism]），似乎只有一步之遙，並且也確實被朱維特（G. Juvet）在《新物理學理論的結構》（«La structure des nouvelles théories physiques»，Presses Universitaires de France, 1935）一書中深信不疑採

用了。但是，在這兩者之間，我們現在已經有了布勞威爾
（L. E. Brouwer）嚴格意義的建構論，對形式體系化界限的
研究，以及在建構超限（transfini [transfinite]）與「態射」
（morphismes [morphism]）③過程之極度自由的新探索。如
此之多有意義的跡象似乎展示了，時間性的發生（genèse
temporelle [temporal genesis]，這是我們的研究課題）與
有效程度並不較低的非時間性的發生（genèse intemporelle
[non-temporal genesis]）或親緣關係（filiation [filiation]）之
間，可能存在著密切關聯，而邏輯─數學結構的發展似乎就
揭示出如此的密切關聯（關於個中密切關聯，請參閱《研究
報告》第十五卷）。

　　如此一來，我們就必須追問如後的問題：當數學家創
作出一種發明，從而開啓一系列新的可能性，這是否只是一
項個體發生的或歷史─心理發生的事件，其創新性只是相對
於連續若干世代研究者的工作呢？抑或是，我們應當把此
等發明看成是一個中間環節，把寄予層級的可能性總體，跟
沒有包含在早先層級而且在階層體系上全然不同的可能性總
體連結起來，因而是全新的操作？關於這個問題，菲弗曼

---

③ 譯者按，數學上，態射（morphism）是兩個數學結構之間保持
　結構的過程的一種抽象。例如：在集合論中，態射就是函數；
　在群論中，就是群同態；在拓樸學中，就是連續函數；在泛代數
　（universal algebra），態射通常就是同態。

（S. Feferman）和舒特（K. Schütte）在超限數領域的研究〔承接克萊尼（S. C. Kleene）、阿克曼（W. Ackermann）和維爾穆斯（H. Wermus）等人對超限數的「建構性」形式體系化的相關論著〕，似乎提供了明確的答案。他們的研究工作成功定義了「$Kappa_0$」（K_0），這個數為可述性〔直謂性〕（prédicativité [predicativity]）確定了一個界限。換句話說，在K_0界限之內（不包含K_0），我們可以運用一種「有效的」建構（透過一種組合原則，使得所有建構都可以變成可決定的）；但是，這方法並不足以給K_0下定義，而且一旦超出這個界限，此等方法就必須放棄不再適合運用。另一方面，超出這個界限〔亦即超限〕，則由或可稱為「相對的」遞迴性和可決定性的原則，來開啟新的可能性。因此，假設有一個類S_0，其中每一元素都是可決定的，此外再假設有一個非可決定的命題ND_1，然後，藉助此系統外的一些特殊預設而判定ND_1為真（或為假），則集S_1（$= S_0 + ND_1$）藉由參照ND_1就變成「相對可決定的」。再進一步，如果S_1又加上一個新的非可決定的命題ND_2，然後這命題也同樣能用其系統外的理由來予以證實或駁斥，結果即不可能給出有效的公式或計算方法來予以界定（circonscrire [circumscribe]）：而可得到「相對可決定的」集S_2（$= S_1 + ND_2$）；如此，前後相繼重新組合和超越界限重複，可以一直類推下去（譯者按：亦即超限歸納法（induction transfinie [transfinite induction]）。

　　然後，這些不同程度的可解答性，就對應到按階層排序（但並非全然線性的序列對應）的結構，涉及越來越龐大而且非可決定的問題。但是，此等階層體系只能訴諸一系列前後相繼的發明，來解決各層級非可決定的命題ND_i，每一個層級都不能化約到先前層級，而且不能化約的程度越來越強。這些結果具有兩種意義。一方面，預成論概念的說法變得難以站得住腳，因為一旦超越界限K_i，就離開了可能性組合的領域；主張新發明先行包含在可能性組合之內，此等古典但有問題的論點，也就失去了它的價值。另一方面，從一個層級超越界限過渡到下一個層級，每一次過渡都開啟了新的可能性，這使人們作出推斷說，在數學以及其他領域一樣，可能性的領域不是一旦達到就一勞永逸的，並非像是存在著一個程式表，可以讓人直接讀取。事實上，此等「讀取」已經涉入先後相繼更新（update）或實現化的建構；再者，正如我們先前已經討論過的，「有效的」建構總是尾隨出現其他的建構，以未能預知的方式和環境產生交互作用。

　　（C）一般而言，發生認識論提出的問題就是要決定，認知結構的發生，是否僅僅關於知識習得的條件？抑或是，涉及關於認識組成的建構條件？除此之外，第三種取徑就是要探究，認識的發生是對應於哪些階層性乃至自然親緣關係的結構體系？抑或是，認識的發生只在於描述主體透過哪些時間歷程，從而發現預先存有的實在？後面這種取徑相當於是說，此等結構乃是預先形成的，可能是存在於物理實在的

客體，或是先驗（*a priori*）存在於主體自身，或是柏拉圖意義上的可能性的理念世界。在此，我們提出的發生認識論目標是要，透過對認識發生本身的分析，彰顯前述三種取徑立基的假說都是不夠充適的，因而有必要從較寬廣的建構意涵，來檢視認識發生的建構。現在，是該時候來探究，我們的目標是否有扎實的根據。

1. 首先，來看柏拉圖式的詮釋。這反映著數學家普遍的看法，他們認為，數學存有物或實體（êtres [beings; entities]）乃是亙古不變，其存在完全不依賴於數學家的建構。然而，數學史和個體心理發生似乎都顯示並非如此：第一，這種假說主張的永恆存在〔諸如「實質」（subsistance [subsistence]）、「本質」（essence [essence]）之類概念〕，對邏輯─數學知識本身並沒有增益任何東西，而且也不能在任何方面對其進行修改；第二，縱使如此的實體真的存在，主體也不擁有任何特定的認知程式，使其能達到認知這些實體；邏輯─數學認識的唯一可知工具就只是介入於其建構過程的方法，因而是自足的。

關於這兩個論點中的第一點，對於物理客體的存在，相對於數學「實體」的存在，這兩個領域對於「存在」的假說所扮演的角色，有著明顯的差異。如果說物理學是透過探尋可觀察現象的規律性，從而找出背後存在的真實物理客體，這就大大修正了對因果關係的詮釋；因為，如果科學家把自己侷限在可觀察事項的範圍內，那麼因果關係就失掉了

它的重要意涵；反之，如果科學家相信「客體」的存在，那麼，因果關係就變成不可避免的概念了。另一方面，如果說四元數（quaternions [quaternions]）在漢米爾頓（W. R. Hamilton）建構它們之前就已經存在，此等事實對於四元數的性質並不會有任何影響。無疑，布勞威爾主張排中律有侷限性的建構主義，和毫無限制使用歸謬法（raisonnements par l'absurde [*reductio ad absurdum*]）之演繹建構的古典數學，這兩者之間是有相當大的差異。但從我們的觀點看來，這兩者只不過是兩種不同類型的建構，或兩種不同用法的操作，爭辯孰是孰非，並不足以化解柏拉圖主義所提出的問題，儘管布勞威爾的操作主義包含著一種明顯反柏拉圖主義的認識論。

　　我們只遭遇過一個例子，其中提到柏拉圖主義時，有涉及到對知識習得的技術層面做出修正，那就是朱維特所聲稱的：數學實體並不是像龐加萊所主張的那樣，由於內在無矛盾而存在，與此相反，乃是因為存在（柏拉圖主義意義上的存在）而免於矛盾。如果此說屬實，那麼對於找到柏拉圖信念的具體應用，或許有其重要性，不過此等說法已受到「哥德爾定理」〔le théorème de Gödel [Gödel's theorem]；譯者按，應該是指「哥德爾不完備定理」（Théorèmes d'incomplétude de Gödel [Gödel's incompleteness theorems]）〕完全駁斥，因為要演示一個體系的無矛盾性必須預設建構另一個「更強」（plus fort [stronger]）體系，

在這種情況下，將此等體系視為柏拉圖主義意義上的存在，對於化解個中問題毫無增益。

關於上面提到的第二個論點，大家對於羅素（B. Russell）的思想演化，應該都頗熟悉。在羅素的柏拉圖主義時期（la phase platonicienne de Russell [Russell's Platonic phase]），他曾說過，正如「知覺」（perception [perception]）賦予我們物質客體的認識一樣，一種他稱之為「概念」（conception [conception]）的特殊官能，也使我們能迎接獨立「潛存」（subsistent [subsist]）於我們之外的永恆理念。但是，虛假的理念怎麼辦呢？畢竟在現實當中，很不幸的，虛假的理念比真實的理念更為頻繁出現。羅素回答道：嗯，它們也同真實的理念一起「潛存」，「就如同紅玫瑰和白玫瑰一起存在一樣。」就我們從發生認識論來看，我們可以再問：那從什麼特定的環節起，可以確定概念是屬於真實理念和虛假理念的永恆王國呢？前邏輯—數學操作層級之前的「前概念」，已經是嗎？還有，感覺—運動基模也是嗎？很清楚可見，羅素之所以很快就放棄了他先前主張的柏拉圖主義，真的不是沒有理由的；畢竟，堅持此等主義對於他想把數學化約為邏輯的企圖，除了治絲益棼之外，並沒有增益任何東西。

最後結論，我們要談談，柏拉圖主義和認識結構之個體發生建構或歷史建構之間的關係。確實而言，柏拉圖的假說在下述意義上是無可駁斥的，那就是，一個建構一旦成為

現實，而且由於此等現實，則總可以說該等結構是在可能
性的世界內，達成由永恆、靜態〔不變〕、圓滿的理念而預
先決定了的目標。但是，由於此等建構是我們達到這樣一
個理念之宇宙的唯一途徑，此一理念的宇宙既然已是自足
而圓滿的，也就沒有需要再透過建構的產物而將其實體化
（hypostasier [hypostatize]）。

2. 關於把認識的結構，視爲預先形成於物理〔實物〕
客體，或是先驗存在於主體，個中難題在於，會面臨兩種相
反極限的狀況：隨著我們相信越來越接近先存在於客體的目
標，認識結構的性質就會越爲豐富；反之，隨著我們相信越
來越接近先存在於主體的目標，則認識結構的性質就會越爲
貧乏。

客體當然是存在的，而且客體包含的結構也是獨立存
在於我們之外。只不過，客體及其定律〔規律性〕，只有藉
助於主體的操作才爲人所認識，人們把操作應用到客體上，
建構同化工具的構架，來取得逐漸進接認識客體的目標。
主體只是透過前後相繼的趨近（approximations successives
[successive approximations]）而進接客體；也就是說，客體
代表永遠不可能完全達到的極限。另一方面，≠的解釋〔外
顯化〕也預設把主體的操作歸因於客體，一旦成功就可以證
實客體結構與主體結構之間的相互類比〔同構性〕。但是，
這就使得我們更加困難判斷，獨立存在於我們〔主體結構〕
之外的客觀結構的本質，如此一來，此等客觀結構的獨立本

性也變成我們不得不相信其存在但又永遠到不了的極限。這也就不難理解，為什麼弗蘭克（P. Frank）無法在兩種因果關係的概念之間作出抉擇：一是因果關係是自然律，另一是因果關係是理性思維的必要條件。這個二擇一的析取（disjonction [disjunction]；譯者按，A ∨ B，亦即相容的A或B）抉擇，在我們看來，既不是互斥的，而且可歸結為兩者可能同時成立的邏輯合取（conjonction [conjunction]；譯者按，A ∧ B，亦即A和B同時成立）。

但是，如果經由主體演繹作用的貢獻，而豐富了客觀的結構，如此之下，邏輯—數學結構就不可能單純視為是，源自於客體物理結構或因果結構衍生的產物：它們的接觸點必須往生命有機體本身內部去尋索，如同我們在本書第二章所看到的那樣。正是主體在此等根源之內，透過一系列的行為，包括不間斷的反身抽象，以及一系列連續更新的自我調節的建構，邏輯—數學體系才獲得逐漸精緻化的演化。

至於先驗論的假說（hypothèse aprioriste [*a priorist hypothesis*]），把此等預先決定作用的位置放在主體，而不再是放在客體，吾人也會面臨一種極限，但那是相反意義的極限。從發生學的角度來看，似乎很明顯，主體漸進精進優化的一切建構都預設了內部先決條件（conditions internes préalables [internal prerequisites]），在這方面，康德是正確的。只不過，他的先驗論涵蓋的形式太過於包羅萬象了，比方說，他相信歐幾里德空間具有普遍必然性，然而非歐幾里

德幾何學的發展，已把歐幾里德空間化約爲一種特例。龐加
萊繼而結論說，只有群結構是必然的，但是發生學的分析卻
展示了，群結構也是逐步建構而成的。諸如此類的例子不
勝枚舉。如此看來，如果希望達到一個本眞的（authentique
[authentic]）先驗，我們就必須一直化約到最初起點結構的
「內涵」（compréhension [connotation]），也就是把所有
認爲可能是先行而普遍必然的一切內涵，一直化約到不能
再化約，直到最後只剩下單一的功能作用而已。而此等單
一功能作用，事實上，就是構成結構化過程的開端起點，
依照拉馬克的說法，這就是「功能創造器官」（la fonction
crée l'organe [the function creates the organ]；此一論點在表
現型〔顯型〕的層級上，仍是眞確的）。那麼很清楚，諸
如此類的功能先驗論（apriorisme fonctionnel [functional a
priorism]），反而是要求「新穎性的持續建構」，因此並沒
有排除建構論的主張。

　　（D）如果，新穎的結構，其前後相繼的精進優化乃
是揭顯於個體發生過程和歷史演進當中，既不是預先形成
於可能性的理想領域之中，也不是預先形成於客體之中，
或先驗存在於主體之中。那麼，新結構的歷史—發生建
構，就是本眞的構成性的（constitutive [constitutive]），
而不可能化約爲一組初始進接條件（conditions d'accession
[initive accession conditions]）。然而，要證成這樣一種主
張，不能只訴諸考察事實（諸如這本小書先前在第一、二章

所著重的做法）。除此之外，還必須解決實效性（validité [validity]）的問題，因為關於結構新穎性的發生建構問題，不只是需要找出例子就能證實（constatation [finding cases to confirm]），而且同樣重要的，還需要過程演示（démonstration [demonstration]）發生建構的過程。

在此，我們只呈現直覺式的過程演示，雖然也可以進行形式體系化的過程演示，譬如，採用哥德爾開創的那種作法，過去這兩、三年來，很多關於超限集合（ensembles transfinis [transfinite sets]）的研究即是採如此演示方法。我們可簡化到少數幾條的簡單意見（如果不說此等意見是瑣碎而沒有太大價值）：每當化約論太過頭的時候，就會有人很習慣提出反駁的論點。簡單說，在一切認識領域中，總會循環反覆出現如後的兩種趨勢：一種是化約論的**趨勢**，就是把概念分為複雜（高級）相對於簡單（低級）兩個層級，然後就會有一種趨勢，試圖把高級層級化約為低級層級；另一種是反化約論的**趨勢**，因為化約論趨勢太過頭，於是就發生相反趨勢予以抗衡。比方說，在物理學領域，長久以來，都把力學現象（phénomènes mécaniques [mechanical phenomena]）看作是基本的模型，甚至是唯一可清楚理解（intelligible [intelligible]）的模型，一切物理事物都應化約為力學現象：因此，舉例而言，迫切努力想把電磁學，轉換成力學的語言來表達。在生物學領域，則是致力於想把生命過程化約為已知的生理－化學現象（而沒看

到這門持續演變的學科有可能發生的諸多轉型）；物極必反，生機論者（vitaliste [vitalist]）為求抗衡，則提出反化約論（antiréductionnisme [anti-reductionism]），它的唯一功績完全是負面的，也就是只在於反駁該等不成熟的化約論所產生的錯覺。在心理學領域，向來都有人試圖把一切心理現象「化約」為刺激—反應（stimulus-réponse [stimulus-response]）基模，或心理連結〔聯想〕（associations [associations]）等。

假如，化約論的假說有充分立論根據，那麼不用多說，我們上述意義上的建構論就會站不住腳；同樣地，把較低級形式從屬於較高級形式的取徑〔譬如，生機論（vitalisme [vitalism]）之類的假說〕，如果有充分立論根據，那麼我們所提出的建構論也會失去實效性。就這兩種論點而言，任何「新穎的」結構都必須視為是預先形成的：若不是預先形成於最簡單結構之內，否則就是預先形成於複雜結構之內。如此之下，所謂的「新穎性」就是預先存在之連結，經由成功外顯化而展現出來。反之，若是能成功駁斥化約論的假說或取徑，那就能夠促使我們轉而考量建構論的取徑。

事實上，任何地方，只要前述問題獲得化解，我們最終都會達到與建構論假說極其相符一致的境界：不同層級的兩個結構之間，不是有單向的化約（réduction à sens unique [one-way reduction]），而是有雙向的同化（assimilation réciproque [reciprocal assimilation]），在這樣的情況之下，一方面，高級結構可以透過轉化而從低級結構衍生出來；另一方面，高級結構可透過整合低級結構，從而使其變得更為豐富。比方說，電磁學透過促使新的力學誕生，從而豐富了古典力學④；重力〔力學模式〕則轉化為一種時空幾何學〔幾何學模式〕，其中的時空曲率由質量來決定⑤。同樣地，在生物領域，也希望把生命過程化約為生理─化學模式，從而

──────────

④ 譯者補注：電磁學（electromagnetism）是物理學的一個分支，研究電磁力（帶電粒子之間的一種物理交互作用力）。電磁力通常表現為電磁場，如電場、磁場和光。電磁力在自然界有四種基本交互作用力，包括：電磁力、重力，以及強交互作用力、弱交互作用力。根據電磁學，當我們知道電荷與電流在空間中的分布情形，藉由馬克士威方程組（Maxwell equations），就可計算出電場與磁場，再藉由勞倫茲力定律（Lorentz force law），即可求出帶電粒子在電磁場中的運行軌跡。

⑤ 譯者補注：1916 年，愛因斯坦發表廣義相對論，用幾何語言描述重力理論，將古典的牛頓萬有引力定律包含在狹義相對論的框架中。在廣義相對論中，重力的基本交互作用被描述為時空幾何學（spacetime geometry）：重力是由動量與質量─能量所產生，並會造成時空彎曲，從而將「重力場」詮釋為「時空彎曲」。愛因斯坦重力場方程式（Einstein field equations，簡稱 EFE）可用來計算動量與質量─能量所造成的時空彎曲的曲率。當我們知道動量與質量─能量在時空的分布情形，就可以計算出時空彎曲的曲率，再搭配測地線方程式，就可以求出物體在重力場中的運動軌跡。

給後者新添更為豐富的屬性。在邏輯和數學的領域，懷海德
（A. N. Whitehead）和羅素把數學化約為邏輯的夢想，結果
促成了一種雙向的同化：一方面，邏輯整合融入普通代數；
另方面，邏輯也成為工具，促使代數或任何其他理論公理
化（毋需再去探討數和類結構之間的複雜關係等）。進一
步的例子還有很多。很清楚，個中雙向同化是以反身抽象
的方式進行，一方面，確保低階層向高階層過渡進展的同
時；另方面，在如此的過渡進展之下，產生了新穎的重新組
織。簡言之，新穎結構的建構似乎具有一種普遍過程的特
性，個中過程是構成性的，不能化約為可茲達成預先決定
之目標的一組初始進接條件。總之，這就等於宣告了各領
域化約論的失敗，包括：在物理或自然科學領域，宣告了
因果化約論（réductionnisme causal [causal reductionism]）
的失敗；在數學─邏輯領域，形式體系化〔公理化〕的侷
限，以及高階結構與邏輯結構間的關係，宣告了演繹化約
論（réductionnisme déductif [deductive reductionism]）的失
敗。所有這些都等於宣告了，蘊含有預成論意涵之統整演繹
理想的失敗，在此同時，也給建構論帶來了更多支持的根
據。

　　透過分析認識的最基本階段，發生認識論已經向吾人展
現，認識的原初形式與高級形式之間的差別，遠比我們過去
所認為的要大得多；如此看來，認識之各階層的形式建構，
必然需要透過比過去人們所想像還要更長久的路徑，且更困

難，而且尤其重要的是，更不可預料。因此，在發展建構論的理論概念化時，發生學的方法就可提供相當多的資源，開發出更豐富的理論概念，來協助詮釋說明該等更長久、更困難，而且更不可預料的建構路徑。正是為了這個緣故，雖然目前的探究結果不盡完美，仍有相當廣闊的領域尚待探索，儘管如此，我們對發生學方法的前途還是深具信心。

法國大學出版社

1. 《研究報告》第一卷：發生認識論與心理學研究。«*Études*» I, W. E. BETH, W. MAYS, et J. PIAGET, *Epistémologie génétique et recherche psychologique*, 1957.

2. 《研究報告》第二卷：邏輯與平衡。«*Études*» II, L. APOSTEL, B. MANDELBROT, et J. PIAGET, *Logique et équilibre*, 1957.

3. 《研究報告》第三卷：邏輯、語言和資訊理論。«*Études*» III, L. APOSTEL, B. MANDELBROT, et A. MORF, *Logique, langage et théorie de l'information*, 1957.

4. 《研究報告》第四卷：分析與合成的關係。«*Études*» IV, L. APOSTEL, W. MAYS, A. MORF, et J. PIAGET, *Les liaisons analytiques et synthétiques*, 1957.

5. 《研究報告》第五卷：論經驗的講稿。«*Études*» V, A. JONCKHEERE, B. MANDELBROT, et J. PIAGET, *La lecture de l'expérience*, 1958.

6. 《研究報告》第六卷：邏輯與知覺。«*Études*» VI, J. S. BRUNER, F. BRESSON, A. MORF, et J. PIAGET, *Logique et perception*, 1958.

7. 《研究報告》第七卷：學習與認知。«*Études*» VII, P. GRÉCO, et J. PIAGET, *Apprentissage et connaissance*, 1959.

8. 《研究報告》第八卷：邏輯、學習與機率。«*Études*» VIII, L. APOSTEL, A. JONCKHEERE, et B. MATALON, *Logique, apprentissage et probabilité*, 1959.

9. 《研究報告》第九卷：邏輯結構的學習。«*Études*» IX, A. MORF, J. SMEDSLUND, VINH-BANG, et J. F. WOHLWILL, *L'apprentissage des structures logiques*, 1959.

10. 《研究報告》第十卷：學習的邏輯。« *Études* » X, M. GOUSTARD, P. GRÉCO, B. MATALON, et J. PIAGET, *La logique des apprentissages*, 1959.

11. 《研究報告》第十一卷：數字建構的問題 « *Études* » XI, P. GRÉCO, J. B. GRIZE, S. PAPERT, et J. PIAGET, *Problèmes de la construction du nombre*, 1960.

12. 《研究報告》第十二卷：行為與操作的理論。« *Études* » XII, D. E. BERLYNE, et J. PIAGET, *Théorie du comportement et opérations*, 1960.

13. 《研究報告》第十三卷：基本數字結構。« *Études* » XIII, J. GRÉCO, et A. MORF, *Structures numériques élémentaires*, 1962.

14. 《研究報告》第十四卷：數學認識論與心理學。« *Études* » XIV, E. W. BETH, et J. PIAGET, *Epistémologie mathématique et psychologie*, 1961.

15. 《研究報告》第十五卷：結構的親緣關係。« *Études* » XV, L. APOSTEL, J. B. GRIZE, S. PAPERT, et J. PIAGET, *La filiation des structures*, 1963.

16. 《研究報告》第十六卷：蘊含、形式體系化與自然邏輯。«*Études*» XVI, E. W. BETH, J. B. GRIZE, R. MARTIN, B. MATALON, A. NAESS, et J. PIAGET, *Implication, formalisation et logique naturelle*, 1962.

17. 《研究報告》第十七卷：反覆推理的形成。« *Études* » XVII, P. GRÉCO, B. INHELDER, B. MATALON, et J. PIAGET, *La formation des raisonnements récurrentiels*, 1963.

18. 《研究報告》第十八卷：空間的認識論。« *Études* » XVIII, VINH-BANG, P. GRÉCO, J. B. GRIZE, Y. HATWELL, J. PIAGET, G. N.

SEAGRIM, et E. VURPILLOT, *L'épistémologie de l'espace*, 1964.

19. 《研究報告》第十九卷：空間的守恆。« *Études* » XIX, VINH-BANG, et E. LUNZER, *Conservations spatiales*, 1965.

20. 《研究報告》第二十卷：時間的認識論。« *Études* » XX, J. B. GRIZE, K. HENRY, M. MEYLAN-BACKS, F. ORSINI, J. PIAGET, et N. VAN DERBOGAERT, *L'épistémologie du temps*, 1966.

21. 《研究報告》第二十一卷：知覺與時間觀念。« *Études* » XXI, M. BOVET, P. GRÉCO, S. PAPERT, et G. VOYAT, *Perception et notion du temps*, 1967.

22. 《研究報告》第二十二卷：模控論與認識論。« *Études* » XXII, G. CELLERIER, S. PAPERT, et G. VOYAT, *Cybernétique et épistémologie*, 1967.

23. 《研究報告》第二十三卷：認識論與功能〔函式〕心理學。«*Études*» XXIII, J. PIAGET, J. B. GRIZE, A. SZEMINSKA, et VINH-BANG, *Epistémologie et psychologie de la fonction*, 1968.

24. 《研究報告》第二十四卷：認識論與認同〔同一性〕心理學。« *Études* » XXIV, J. PIAGET, H. SINCLAIR, et VINH-BANG, *Epistémologie et psychologie de l'identité*, 1968.

25. 《研究報告》第二十五卷：因果關係理論。« *Études* » XXV, M. BUNGE, F. HALBWACHS, Th. S. KUHN, J. PIAGET, et L. ROSENFELD, *Les théories de la causalité*, 1971.

26. 《研究報告》第二十六卷：因果的解釋。« *Études* » XXVI, J. PIAGET, et R. GARCIA, *Les explications causales*, 1971.

27. 《研究報告》第二十七卷：運動的傳遞。« *Études* » XXVII, J. PIAGET, J. BLISS, M. BOVET, E. FERREIRO, M. LABARTHE, A. SZEMINSKA, G. VERGNAUD, et T. VERGOPOULO, *La transmission*

des mouvements, 1972.

28. 《研究報告》第二十八卷：在衝、推過程中行動體的運行方向。« *Études* » XXVIII, J. PIAGET, J. BLISS, C. DAMI, I. FLUCKIGER-GENEUX, M. -F. GRAVEN, R. MAIER, P. MOUNOUD, et M. ROBERT, *La direction des mobiles lors de chocs et de poussées*, 1972.

29. 《研究報告》第二十九卷：力的觀念之形成。« *Études* » XXIX, J. PIAGET, M. CHOLLET, I. FLUCKIGER-GENEUX, A. HENRIQUES-CHRISTOPHIDES, J. de LANNOY, R. MAIER, O. MOSIMANN, et A. SZEMINSKA, *La formation de la notion de force*, 1973.

30. 《研究報告》第三十卷：力的合成與向量問題。« *Études* » XXX, J. PIAGET, J. BLISS, M. CHOLLET-LEVRET, C. DAMI, P. MOUNOUD, M. ROBERT, C. ROSSEL-SIMONET, et VINH-BANG, *La composition des forces et le problème des vecteurs*, 1973.

31. 《研究報告》第三十一卷：矛盾的研究之一──矛盾的不同形式。« *Études* » XXXI, J. PIAGET, Cl. -L. BONNET, J. -P. BRONCKART, A. BULLINGER, A. CATTIN, J. -J. DUCRET, A. HENRIQUES-CHRISTOPHIDES, C. KAMII, A. MUNARI, I. PAPANDROPOULOU, S. PARRAT-DAYAN, M. ROBERT, et Th. VERGOPOULO, *Recherches sur la contradiction. 1 / Les différentes formes de la contradiction*, 1974.

32. 《研究報告》第三十二卷：矛盾的研究之二──肯定與否定之間的關係。« *Études* » XXXII, J. PIAGET, A. BLANCHET, G. CELLERIER, C. DAMI, M. GAINOTTI-AMANN, Ch. GILLIÉRON, A. HENRIQUES-CHRISTOPHIDES, M. LABARTHE, J. de LANNOY, R. MAIER, D. MAURICE, J. MONTANGERO, P. MOSIMANN, C. OTHENIN-GIRARD, S. UZAN, et Th. VERGOPOULO, *Recherches*

sur la contradiction. 2 / Les relations entre affirmations et negations, 1974.

33. 《研究報告》第三十三卷：認知結構的平衡——發展的核心問題。«*Études*» XXXIII, J. PIAGET, *L'équilibration des structures cognitives. Problème central du développement*, 1975.

34. 《研究報告》第三十四卷：反身抽象的研究之一——邏輯運算關係的抽象。«*Études*» XXXIV, J. PIAGET, I. BERTHOUD-PAPANDROPOULOU, J. -B. BILLETER, J. -F. BOURQUIN, J. -L. KAUFMANN, P. MŒSSINGER, J. MONTANGERO, A. MOREAU, A. MUNARI, A. SZEMINSKA, et D. VOELIN-LIAMBEY, *Recherches sur l'abstraction réfléchissante. 1 / L'abstraction des relations logico-arithmétiques*, 1977.

35. 《研究報告》第三十五卷：反身抽象的研究之二——次序與空間關係的抽象。«*Études*» XXXV, J. PIAGET, Ed. ACKERMANN, A. BLANCHET, J. -P. BRONCKART, J. CAMBON, N. COX, J. CUAZ, S. DAYAN, E. DECKERS, J. J. DUCRET, M. A., et I. FLUCKIGER, J. de LANNOY, M. LAVALLÉE, Cl. MONNIER, E. RAPPE DU CHER, M. SOLÉ-SUGRANES, M. SPYCHER, Th. VERGOPOULO, et Cl. VOELIN, *Recherches sur l'abstraction réfléchissante. 2 / L'abstraction de l'ordre et des relations spatiales*, 1977.

漢法英詞彙對照

〔主客體〕未分化（indifférenciation [undifferentiation]）

〔笛卡兒〕碰撞定律（lois du choc [laws of impact]）

《生物學與認識》（*Biologie et connaissance* [*Biology and Knowledge*]）

《發生認識論研究報告》（Études d'épistémologie génétique [Studies of Genetic Epistemology]）

《嬰孩的心理意象》（L'Image mentale chez l'enfant [The Children's Mental Picture]）

「生命是具有形式創造力的」（la vie est créatrice de forms [life is form-creative]）

「因果關係的知覺作用」（perception de la causalité [perception of causality]）

「有中介的」傳遞（transmissions «médiates» ["mediate" transmissions]）

「連合」但沒有「關聯」（« conjonctions » sans « connexions » ["conjunctions" without "connections"]）

「邏輯外」的操作（opérations «infralogiques» ["infralogic" operations]）

人化（hominisation [hominization]）

力（force [force]）

力流（courant [current]）

力矩（moment [moment]）

力學現象（phénomènes mécaniques [mechanical phenomena]）

三段論法（syllogistique [syllogistic]）

三值邏輯（logiques trivalentes [trivalent logic]）

大腦皮質控制（contrôle cortical [cortical control]）

子類別（sous-classe [sub-class]）

工具型的行為（conduites instrumentales [instrumental conduct]）

已組構的函式（fonctions constituées [constituted functions]）

不守恆（non-conservations [non-conservations]）

不相交〔互斥〕類別（classes disjointes [disjoint classes]）

不會出差錯（infaillible [infallible]）

中介物（médiateurs [intermediaries]）

互逆性（réciprocités [reciprocities]）

內化（intériorisation [interiorization]）

內在必然性（nécessité intrinsèque [intrinsic necessity]）

內在基模（schèmes immanents [immanent schemes]）

內涵（compréhension [comprehension]）

內部先決條件（conditions internes préalables [internal prerequisites]）

內插到（intercalé [interplated]）

內源性（endogène [endogenous]）

公理（axiomes [axioms]）

公理化（axiomatisation [axiomatization]）

分布原則（distributivités [distributivities]）

分布傳遞（transmission distributive [distributive transmission]）

分析判斷（jugements analytiques [analytic judgments]）

分割（partition [partition]）

分類（classification [classification]）

反化約論（antiréductionnisme [anti-reductionism]）

反身抽象（abstraction réfléchissante [reflective abstraction]）

反身運思（réflexion [reflection]）

反射（réflexion [reflexion]）

反射論學派（réflexologiques [reflexological]）

反應常模（norme de réaction [norm of reaction]）

反轉〔反演〕（inversion [inversion]）

反題（antithèses [antitheses]）

天生的固定核（noyau fixe inné [innate fixed nucleus]）

天賦的理念（idée innée [innate idea]）

天賦論（innéisme [innatism]）

心理—發生學的（psycho-génétique [psycho-genetic]）

心理主義（psychologisme [psychologism]）

心理形態主義（psycho-morphisme [psycho-morphism]）

心理型態（psychomorphique [psychomorphic]）

心理發生（psychogenèse [psychogenesis]）

心理發生的（psychogénétiques [psychogenetic]）

日內瓦國際發生認識論中心（Centre international d'épistémologie génétique）

比例（proportions [proportions]）

比例形式定律（lois à forme proportionnelle [proportional-form laws]）

比例原則（proportionnalités [proportionality]）

牛頓《自然哲學的數學原理》（*Principia*，完整書名：*Philosophiæ Naturalis Principia Mathematica*）

主動的可動物件（mobiles actif [active mobile objects]）

功（travail [work]）

功能上的拷貝副本（copie fonctionnelle [functional copy]）

功能先驗論（apriorisme fonctionnel [functional *a priorism*]）

功率（pouvoirs [powers]）

加成性的群集（groupement additif [additive group]）

半泛型同化（assimilations semi-génériques [semi-generic assimilations]）

去除自身中心化（décentration [decentration]）

古希臘史塔吉拉人（Stagirite）

古典經驗論（empirisme classique [classical empiricism]）

古典認識論問題（problèmes épistémologiques classiques [classical epistemological problems]）

可交換性（commutativité [commutativity]）

可流動的概念（concepts mobiles [mobile concepts]）

可計數（dénombrable [denumerable]）

可述性〔直謂性〕（prédicativité [predicativity]）

可能出差錯（faillibilité [fallibility]）

可能事項集合（ensemble des possibles [set of possibles]）

可能數學化（mathématisable [mathematizable]）

可逆性（réversibilité [reversibility]）

可逆性的轉換（transformations réversibles [reversible transformations]）

可理解性（intelligibilité [intelligibility]）

可閉合（fermeture [closure]）

可替代的順序（ordre vicariant [vicarious order]）

可變動側邊轉換（échanges collatéraux variables [variable collateral exchanges]）

四元群（groupe quaternaire [quaternary group]）

四元群（groupes de quaternalité [quaternality groups]）

四元數（quaternions [quaternions]）

外因訊息（informations exogènes [exogenous informationl]）

外延（extension [extension]）

外顯化結構（structure explicative [explicative structure]）

布林代數（l'algèbre de Boole [Boolean algebra]）

平衡（équilibre [equilibrium]）

平衡化（équilibrations [equilibrations]）

必然（nécessaires [necessary]）

必然性（nécessité [necessity]）

本眞的（authentique [authentic]）

本能的邏輯（logique des instincts [logic of instincts]）

本質（essence [essence]）

正向轉換（transformations directes [direct transformations]）

正題（thèses [theses]）

母結構（structures mères [matrix structures]）

生成語法（grammaires génératrices [generative grammars]）

生物發生（biogenèse [biogenesis]）

生理恆定（homéorhésis [homeorhesis]）

生理機制（mécanismes biologiques [biological mechanisms]）

生機論（vitalisme [vitalism]）

生機論者（vitaliste [vitalist]）

交互重疊的類（classes emboîtées [overlapping classes]）

交流工具（instruments d'échange [instruments of exchange]）

交換群（groupe commutatif [commutative group]）

交集關係（intersections [intersections]）

先天意符指標（indices significatifs innés [innate significant indices]）

先行形構（préfiguration [prefiguration]）

先驗的（aprior [*a prior*]）

先驗論的假說（hypothèse aprioriste [*a priorist* hypothesis]）

先驗論者（aprioristes [*a priorist*]）

共通尺標化（coordination [co-ordination]）

共通尺標化的〔協調化的〕（coordonnées [co-ordinated]）

共識主動性（stigmergies [stigmergies]）

再生產式的同化（assimilation reproductrice [reproductive assimilation]）

再認式的同化（assimilation récognitive [recognitive assimilation]）

合成（compositions [compositions]）

合取（conjonction [conjunction]）

合理性的存有物（êtres de raison [beings of reason]）

同一化（identification [identification]）

同一性（identité [identity]）

同一律（identité [identity]）

同化（assimilation [assimilation]）

同時性的（synchronique [synchronic]）

同構性〔同態性〕（isomorphes [isomorphic]）

同構群（groupe isomorphe [isomorphic group]）

同質傳遞（transmission homogène [homogeneous transmission]）

向量合成（composition vectorielle [vector composition]）

因果化約論（réductionnisme causal [causal reductionism]）

因果性〔因果關係〕（causalité [causality]）

因果解釋〔外顯化〕（explication causale [causal explication / explanation]）

多元單元（pluriunités [multiple units]）

多重歸因（multiples attributions [multiple attributions]）

多基因性（polygénie [polygeny]）

多樣性（divers [diverse]）

存有物或實體（êtres [beings; entities]）

存有物層面的（ontiques [ontic]）

存活係數（coefficients de survie [survival coefficients]）

守恆（conservations [conservation]）

成熟（maturation [maturation]）

成熟論（maturationnisme [maturationism]）

有效的因果作用（cause efficiente [efficient causation]）

有意識的意向性（intentionnalité consciente [conscious intentionality]）

有補分配格（réseau distributif complémenté [complemented distributive lattice]）

有機發生（organo-génétiques [organo-genetic]）

次序尺標（ordinales [ordinal]）

次序估計（évaluation ordinale [ordinal evaluation]）

自動的（automatique [automatic]）

自主的（autonomes [autonomous]）

自我中心化（centration [centration]）

自我調節（autorégulation [self-regulation]）

自然主義（naturaliste [naturalist]）

自然數（nombres naturels [natural numbers]）

自發的（spontanée [spontaneous]）

自戀（narcissisme [narcissism]）

行為主義者（béhavioristes [behaviourists]）

伺服機轉（servomécanisme [servomechanism]）

位移（déplacement [displacement]）

作用量（action [action]）

克萊因四元群（groupe de Klein [Klein group]）

否定操作（négation [negation]）

完全調節（régulation parfaite [perfect regulation]）

完備（suffisants [sufficient]）

局部空間（espaces locaux [local spaces]）

局部時間（temps locaux [local times]）

局部頻率（fréquences locaux [local frequencies]）

序列化（sériation [seriation]）

形式操作（opératoires formelles [formal operations]）

形式操作期（stade des opérations formelles [stage of formal operations]）

形象化內部連結（connexions intrafigurales [intrafigural connections]）

形象的集合（collections figurales [figural collections]）

形象間際關係（liaisons interfigurales [interfigural relationships]）

找出例子就能證實（constatation [finding cases to confirm]）

系列對應（correspondances sériales [serial correspondence]）

身體發展（développement somatique [somatic development]）

具有決定作用的指標（indices déterminants [determining indices]）

具體（concrète [concrete]）

具體操作階段的第一層級（le premier niveau du stade des opérations concrètes [the first level of the stage of the concrete operations]）

具體操作階段的第二層級（le second niveau des opérations concrètes [the second level of concrete operations]）

典範（paradigmes [paradigms]）

刺激—反應（stimulus-réponse [stimulus-response]）

受體機轉（mécanisme récepteur [receptor mechanism]）

命題（propositions [propositions]）

命題之間的操作（opérations interpropositionnelles [inter-propositional operations]）

命題內部操作（opérations intrapropositionnelles [intra-propositional operations]）

尚未形式體系化之邏輯學（logiques non formalisées [non-formalized

logics]）

拉格朗日積分（intégrales de Lagrange [Lagrange integrals]）

拉馬克：「功能創造器官」（la fonction crée l'organe [the function creates the organ]）

拉馬克的變異和演化學說（la doctrine lamarckienne de la variation et de l'évolution [Lamarckian doctrine of variation and evolution]）

拉馬克經驗主義（empirisme lamarckien [Lamarckian empiricism]）

東方三賢人（rois mages [Magi]）

析取（disjonction [disjunction]）

物理主義者（physicaliste [physicalistic]）

物理或實物經驗（expérience physique [physical or material experience]）

物理的認識論（épistémologie de la physique [epistemology of physics]）

盲目〔無意向性〕（aveugle [blind]）

直接〔無中介〕傳遞（transmission immédiate [immediate transmission]）

直接讀取（lecture [reading off]）

知識（connaissance [knowledge]）

知覺（perception [perception]）

知覺指標（indices perceptifs [perceptive indices]）

社會傳遞或互動（transmissions et interactions sociales [social transmissions and interactions]）

空類（classes nulles [null classes]）

表現型〔顯型〕（phénotypique [phenotypic]）

表現型〔顯型〕改變（modifications phénotypiques [phenotypic modification]）

表象再現基模化（schématisation représentative [representative schematization]）

表象智慧（intelligence representative [representational intelligence]）

表象概念化（conceptualisation représentative [representative conceptualization]）

表觀基因型（épigénotype [epigenotype]）

表觀遺傳系統（système épigénétique [epigenetic system]）

阻〔力〕（résistances [resistances]）

阿列夫序列（aleph [aleph]）

非二元論（adualisme [adualism]）

非先行形式結構（structures non préformées [non-preformed structures]）

非時間〔與時間無關〕（intemporel [non-temporal]）

非時間性的發生（genèse intemporelle [non-temporal genesis]）

非歐幾里德幾何（géométries non euclidiennes [non-Euclidean geometries]）

非鄰接組合（composition non contiguë [non-contiguous composition]）

前後相繼的趨近（approximations successives [successive approximations]）

前智慧（préintelligence [pre-intelligence]）

前進式共通尺標化〔協調化〕（coordinations progressives [progressive co-ordinations]）

前概念（préconcepts [pre-concepts]）

前語言智慧（intelligence préverbale [pre-verbal intelligence]）

前操作思維階段的第一層級（le premier niveau de la pensée préopératoire [the first level of pre-operational thought]）

前操作階段的表象認知（connaissance représentative préopératoire [preoperational representative cogniton]）

前操作階段的第二層級（le second niveau préopératoire [the second preoperational level]）

前關係（prérelations [pre-relations]）

前邏輯的基模化（schématisme prélogique [pre-logical schematization]）

型態演發（morphogénétique [morphogenetic]）

客體關係（relations objectales [object relations]）

建構超限（transfini [transfinite]）

建構論（constructivisme [constructivism]）

恆眞（toujours vraie [always true]）

恆等運算（opération identique [identical operation]）

持續時間（durée [duration]）

柏拉圖主義（platonisme [Platonism]）

界定（circonscrire [circumscribe]）

界限（limite [limit]）

相互重疊（emboîtement [overlapping]）

相容（compatibles [compatible]）

科學史（histoires des sciences [histories of sciences]）

突觸連結（connexions synaptiques [synaptic connections]）

胚胎發生（embryogenèse [embryogenesis]）

重新組織（réorganisation [reorganization]）

限制（contraintes [constraints]）

乘法比值關係（rapports multiplicatifs [multiplicative ratios]）

個體發生（ontogenèse [ontogenesis]）

剛性（rigide [rigid]）

原生動物（protozoaires [protozoa]）

哥白尼式的革命（révolution copernicienne [Copernican revolution]）

哥德爾不完備定理（Théorèmes d'incomplétude de Gödel [Gödel's

incompleteness theorems]）

哥德爾定理（le théorème de Gödel [Gödel's theorem]）

哲學的勇氣（courage philosophique [philosophical courage]）

套套邏輯（tautologique [tautological]）

弱結構類（classes faiblement structurées [weakly structured classes]）

時間—空間永久性（permanence spatio-temporelle [spatio-temporal permanence]）

時間性的發生（genèse temporelle [temporal genesis]）

時間性的過程（processus temporel [temporal process]）

根本自我中心主義（égocentrisme radical [radical egocentrism]）

特化細胞（cellules spécialisées [specialized cells]）

純粹演繹科學（sciences purement déductives [purely deductive sciences]）

素樸的（naïve [naïve]）

初始能動性（initiative [initiative]）

逆向轉換（transformations inverses [inverse transformations]）

假說（hypothèses [hypotheses]）

動量（élan [momentum]）

參與（participation [participation]）

唯心論（idéaliste [idealistic]）

唯理性主義者（rationalistes [rationalists]）

商集（ensemble- quotient [set- quotient]）

初始進接條件（conditions d'accession [initive accession conditions]）

基因多效性（pléiotropisme [pleiotropism]）

基因型（génotype [genotype]）

基因庫（pool génétique [genetic pool]）

基因體（génome [genome]）

基模（schèmes [schemas]）

常態形式（forme normative [normative form]）

強度（force [strength]）

強結構類（classes fortement structurées [strongly structured classes]）

排中律（tiers exclus [excluded third parties]）

排列〔置換〕（permutation [permutation]）

控制工具（instruments de conquête [instruments of control]）

推〔力〕（poussées [thrusts]）

推理合成法（compositions inférentielles [inferential compositions]）

族群遺傳學（génétique des populations [population genetics]）

液壓機（presse hydraulique [hydraulic press]）

現象（phénomènes [phenomena]）

現實化（actualisation [actualization]）

理智意義（sens noétique [noetic sense]）

笛卡兒積（produit cartésien [Cartesian product]）

符號功能（fonction sémiotique [semiotic function]）

第四紀（quaternaire [quaternary period]）

終極原理（principe de finalité [principle of finality]）

組合學原則（combinatoire [combinatorics]）

組構式函式（fonctions constituantes [constituent functions]）

習性（habitude [habit]）

被動的可動物件（mobiles passif [passive mobile objects]）

規律性〔定律〕（légalité [regularities]）

速度知覺（perception de la vitesse [perception of speed]）

聯合通路（voies associatives [associative pathways]）

連續統的基數（la puissance du continu [the cardinality of the continuum]）

連續體（continu [continuum]）

閉合（fermeture [closure]）

勝任性（compétence [competence]）

單向的化約（réduction à sens unique [one-way reduction]）

單純的規律前後接續（simples successions régulières [simple regular successions]）

單體（simplexes [simplexes]）

描述語言（langage descriptif [descriptive language]）

普通（générale [general]）

普通語法（syntaxe [syntax]）

普通語意學（sémantique générales [general semantics]）

無矛盾律（non-contradiction [non-contradiction]）

無有止境的持續趨近（approximations indéfinies [indefinite approximations]）

發生認識論（épistémologie génétique [genetic epistemology]）

發生論邏輯（logique génétique [genetic logic]）

遺傳學的同化作用（assimilation génétique [genetic assimilation]）

等價（équivalences [equivalence]）

結合突變（mutations conjuguées [conjugal mutations]）

結構主義（structuralisme [structuralism]）

結構轉化（transformations [transformations]）

虛功（travaux virtuels [virtual works]）

虛擬實在平面（plan virtuel [virtual plane]）

費馬積分（intégrales de Fermat [Fermat intergals]）

超乎時間之外（extemporané [extra-temporal]）

超限集合（ensembles transfinis [transfinite sets]）

超限算術（arithmétique transfinie [transfinite arithmetic]）

超限數（nombres transfinis [transfinite numbers]）

超限歸納法（induction transfinie [transfinite induction]）

超越（dépassements [transcendence]）

超驗（transcendantal [transcendental]）

度量衡（mesure [measurement]）

階層（hiérarchie [hiearachy]）

階層化的（hiérarchisés [hierarchically]）

順應（accommodation [accommodation]）

傳遞（transmissions [transmissions]）

奧米伽ω超限序數（omégas [omegas]）

微粒模型（modèles corpusculaires [corpuscular models]）

微觀物理學（microphysique [microphysics]）

感受性（sensibilité [sensitivity]）

感覺—運動（sensori-motrices [sensori-motor]）

感覺—運動層級（niveaux sensori-moteurs [sensor-imotor levels]）

新行為主義者（néobéhavioriste [neo-behaviorist]）

新康德主義者（néokantiens [neo-Kantians]）

新達爾文主義（néodarwinisme [neo-Darwinism]）

新穎性（nouveautés [novelties]）

極值（*extremum* [*extremum*]）

概念（conception [conception]）

準內部（semi-interne [semi-internal]）

準幾何意義（sens quasi géométrique [quasi-geometric sense]）

準邏輯（semi-logique [semi-logic]）

群集（groupements [grouping]）

補償〔相抵校正〕（compensation [compensation]）

運動感知結構化（structurations cinématiques [kinematic structuring]）

運動學關係（relations cinématiques [kinematic relations]）

過程演示（démonstration [demonstration]）

預先決定（prédétermination [predetermination]）

嘗試錯誤（tâtonnements [trial and error]）

實用知識（savoir-faire [know-how]）

實效性（validité [validity]）

實質（subsistance [subsistence]）

實證論（positiviste [positivist]）

實體化（hypostasier [hypostatize]）

實體化（incarner [embody]）

實體化（substantification [substantification]）

實體虛擬（virtuel physique [physical virtual]）

對於操作的操作（opérations sur des opérations [operations on operations]）

態射（morphismes [morphism]）

構成性的（constitutive [constitutive]）

演繹化約論（réductionnisme déductif [deductive reductionism]）

漸進算數化（arithmétisation progressive [progressive arithmetization]）

種系發生（phylogénèse [phylogenesis]）

種系發生的（phylogénétiques [phylogenetic]）

精進優化（élaboration [elaboration]）

綜合判斷（jugements synthétiques [synthetic judgments]）

綜合的（synthétique [synthetic]）

網絡（réseaux [networks]）

聚合趨同（convergences [convergence]）

與料〔既與〕（donnés [given]）

認知（connaissance [cognition]）

認識（connaissance [knowing]）

認識論者（épistémologistes [epistemologists]）

誘導訊號（inducteurs [inductors]）

語言學的（linguistique [linguistic]）

遞迴推論（raisonnements par recurrence [recursive inference]）

遞移性〔傳遞性〕（transitivité [transitivity]）

數字（numérable [numeric]）

數值（numérique [numerical]）

數學「存有物」〔實體〕（«êtres» mathématiques [mathematical "beings"]）

數學的認識論（épistémologie des mathématiques [epistemology of mathematics]）對射〔雙向一對一〕（bi-univoque [bi-univocal]）

模型（modèles [models]）

模擬表型（phénocopie [phenocopy]）

潛存（subsistent [subsist]）

窮盡列舉法（méthode exhaustive [exhaustive method]）

範例性（exemplarité [exemplarity]）

範數（norme [norm]）

範疇（catégories [categories]）

編程遺傳編程（programmation héréditaire [herediary programming]）

調節基因（gènes régulateurs [regulatory genes]）

論述宇宙（univers du discours [discourse universe]）

適合一致（adéquation [adequation]）

適應（ajustement [adjustment]）

操作元〔運算元〕（opérateurs [operators]）

操作主義（opérationalisme [operationalism]）

歷時性的（diachronique [diachronic]）

獨立（distincts [independent]）

積（produit [product]）

親緣關係（filiation [filiation]）

遺傳特性的傳遞（transmissions héréditaires [hereditary transmissions]）

遺傳體內恆定（homéostasie génétique [genetic homeostasis]）

環境（milieu [environnement]）

環境偶然〔適然〕情境（circonstances contingentes [contingent circumstances]）

環境論（environnementalisme [environmentalism]）

繁殖係數（coefficients de reproduction [reproduction coefficients]）

聯合區（régions associatives [associative regions]）

聯集（réunion [union]）

聯想〔心理連結〕（association [association]）

臨床方法（méthodes cliniques [clinical methods]）

邁克生—莫雷實驗（l'expérience de Michelson et Morley [Michelson and Morley experiment]）

歸因（attribution [attribution]）

歸謬法（raisonnements par l'absurde [*reductio ad absurdum*]）

雙向同化（assimilations réciproques [reciprocal assimilations]）

雙向序列化（doubles sériations [two-way seriations]）

雙重前進式建構（double construction progressive [twofold progressive construction]）

羅素的柏拉圖主義時期（la phase platonicienne de Russell [Russell's

Platonic phase]）

關係的互反性〔互逆性〕（réciprocité des relations [reciprocity of relations]）

關聯群（ensemble corrélatif [correlative group]）

類化式的同化（assimilation généralisatrice [generalizing assimilation]）

嚴格性（rigueur [rigour]）

蘊含的（inclusifs [inclusive]）

蘊含〔聯集〕（inclusion [inclusion]）

屬性〔謂詞〕（prédicats [predicates]）

囊胚（blastula [blastula]）

變通彈性（souplesse [flexibility]）

邏輯—算數的操作（opérations logico-arithmétiques [logico-arithmetic operations]）

邏輯—數學結構（structures logicomathématiques [logico-mathematical structures]）

邏輯的認識論（épistémologie de la logique [epistemology of logic]）

邏輯經驗主義（empirisme logique [logical empiricism]）

邏輯運算元（opérateurs logiques [logical operators]）

邏輯實證論（positivisme logique [logical positivism]）

邏輯實證論者（positivistes logique [logical positivists]）

體內恆定（homéostasie [homeostasis]）

體內恆定的反饋迴圈（anneau homéostatique à feedback [homeostatic feedback ring]）

皮亞傑發生認識論人物簡介

大衛・休姆（David Hume, 1711-1776），〔蘇格蘭〕哲學家、經濟學家、歷史學家，蘇格蘭啟蒙運動以及西方哲學歷史最重要的人物。中心思想包括：澈底懷疑論、自然主義。休姆主張，因果概念只不過是人們期待一事物伴隨另一事物而來的心理聯想。提出「恆常連結」（constant conjunction）一詞，沒有理由相信一件事物的確造成另一件事物發生，兩件事物在未來也不一定會一直「互相連結」。因果信念並非起於因果關係是自然本質，而是因為心理習慣和人性所造成。

大衛・克雷什（David Krech, 1909-1977），〔美國〕實驗心理學家、社會心理學家，大腦功能定位研究。

大衛・希爾伯特（David Hilbert, 1862-1943），〔德國〕數學家，十九世紀、二十世紀初最具影響力的數學家。建立不變量理論、公理化幾何、希爾伯特空間，奠定數理邏輯、量子物理、廣義相對論的數學基礎。熱忱支持康托爾的集合論與超限數。

丹尼爾・博韋特（Daniel Bovet, 1907-1992），〔義大利〕瑞士裔藥理學家。1957年，獲頒諾貝爾生理學或醫學獎，表彰他在肌肉鬆弛方面的進展和首次合成抗組織胺的成就。博韋特在精神藥理學和心理藥理學研究，很快導入行為遺傳學研究，使用齧齒動物近交系小鼠群體為材料，探討決定行為的生物因素問題。透過遺傳方

法，博韋特表明，若干行為模式具有重要的生理決定因素，依賴於神經系統的神經生物學結構上的特定差異。他建議，神經科學和精神生物學研究應該從特徵相反的表現型系譜著手。博韋特的研究方法提出遺傳和環境因素引發神經結構變化的命題，啟發後來傑拉爾德·埃德爾曼提出神經元達爾文主義理論。

以色列·邁可·勒納（Israel Michael Lerner, 1910-1977），〔美國〕知名的遺傳學家、演化生物學家、動物繁衍學家。出生於滿州國哈爾濱。

古斯塔夫·朱維特（Gustave Juvet, 1896-1936），〔瑞士〕數學物理學家，研究領域包括相對論、量子力學、宇宙論。出生於瑞士納沙泰爾，和皮亞傑從青少年期就是好朋友。

史蒂芬·科爾·克萊尼（Stephen Cole Kleene, 1909-1994），〔美國〕數學家、邏輯學家，主要從事可計算函數的研究，遞歸理論研究奠定理論電腦科學基礎。對直覺主義邏輯和數學的基礎做出重要貢獻。

尼古拉斯·廷貝亨（Nikolaas Tinbergen, 1907-1988），〔荷蘭〕動物行為學家與鳥類學家。1973年，動物個體和群體行為的組織和誘發，共同獲得諾貝爾生理學或醫學獎。

皮耶—保羅・格拉塞（Pierre-Paul Grassé, 1895-1985），〔法國〕動物學家，撰寫了三百多種出版物，其中包括影響深廣的五十二冊《動物學論文集》（*Traité de Zoologie*）。他是白蟻專家，反對新達爾文主義，為新拉馬克進化論的支持者。

皮耶・列昂・布特魯（Pierre Léon Boutroux, 1880-1922），〔法國〕數學家、科學史學家。主要以其在數學史和數學哲學方面的工作而聞名。主要著作：《數學分析原理》（*Les principes de l'analyse mathématique*，卷一，1914年；卷二，1919年）。

皮耶・德・費馬（Pierre de Fermat, 1601-1665），〔法國〕律師、業餘數學家（也稱為數學大師、業餘數學家之王）。研究興趣包括數論，亦對解析幾何、機率論、光學、現代微積分的建立有所貢獻。

皮埃爾・杜亨（Pierre Duhem, 1861-1916），〔法國〕物理學家、科學史學家與科學哲學家。主要研究領域包括化學熱力學，有關實驗非充分決定性議題的科學哲學探討，以及歐洲中世紀科學史；重要貢獻包括流體動力學、彈性理論的研究。

伊曼努爾・康德（Immanuel Kant, 1724-1804），〔德意志〕啟蒙時代，十八世紀著名哲學家，重要貢獻領域涵蓋形上學、倫理學、認識論，先驗唯心主義。

列昂・布朗胥維克（Léon Brunschvicg, 1869-1944），〔法國〕唯心主義哲學家。 1893年，與Xavier Leon和Élie Halévy共同創辦《形上學與道德評論》（*Revue de métaphysique et de morale*）。

安東尼・奧古斯丁・古諾（Antoine Augustin Cournot, 1801-1877），〔法國〕數學家、哲學家及經濟學家，提出經濟學領域的古諾模式。主要著作：《財富理論的數學原理研究》（*Recherches sur les principes mathématiques de la théorie des richesses*, 1838），應用數學模式進行經濟學分析，現代經濟學開宗之作。

托瑪斯・山謬・庫恩（Thomas Samuel Kuhn, 1922-1996），〔美國〕物理學家、科學史學家和科學哲學家，代表作爲《科學革命的結構》（*The Structure of Scientific Revolutions*, 1962），主張科學不是透過新知識的線性積累進步，而是經歷週期性的革命，也被稱爲「典範轉移」。當代最有影響力的科學史學家及科學哲學家，著作廣爲引用到科學史之外的其他廣泛領域。

艾弗拉姆・諾曼・喬姆斯基〔或譯杭士基〕（Avram Noam Chomsky, 1928-），〔美國〕哲學家、語言學家、認知學家、邏輯學家、政治評論家。創立生成語法、普遍語言學。

艾弗特・威廉・貝斯（Evert Willem Beth, 1908-1964），
〔荷蘭〕哲學家、邏輯學家，提出描述語義表的貝斯方法，叫做「貝斯表」（Beth tableaux）。

艾倫・麥席森・圖靈（Alan Mathison Turing, 1912-1954），
〔英國〕計算機科學家、數學家、邏輯學家、密碼分析學家和理論生物學家，計算機科學與人工智慧之父。提出關於可計算性理論假設的邱奇─圖靈論題。

艾琳娜・澤敏絲卡（Alina Szeminska, 1907-1986），〔波蘭〕心理學家、教授，與皮亞傑一起研究兒童的數字概念，和再現物體、物體多樣性與物體知覺屬性等認知能力。

艾德蒙・戈布洛（Edmond Goblot, 1858-1935），〔法國〕哲學家、邏輯學家、社會學家。《論邏輯》（*Traité de Logique*, 1918），更新演示理論，定義目的論推理。

西格蒙德・佛洛伊德（Sigmund Freud, 1856-1939），〔奧地利〕心理學家、精神分析學家、哲學家。精神分析學的創始人，被稱爲「維也納第一精神分析學派」。理論架構和研究方式深深影響後來的心理學發展，對哲學、美學、社會學、文學、流行文化等都有深刻影響，「精神分析之父」，二十世紀最偉大的心理學家之一。

亨利・維爾穆斯（Henri Wermus, 1919-2013），〔瑞士〕數學家、心理學家、教育學家，研究領域爲認知發展的邏輯與演化。

伯特蘭・亞瑟・威廉・羅素（Bertrand Arthur William Russell, 1872-1970），〔英國〕哲學家、數學家和邏輯學家，在數學哲學上採取弗雷格的邏輯主義立場，認爲數學可以化約到邏輯，哲學可以像邏輯一樣形式系統化，主張邏輯原子論。早期的羅素有柏拉圖主義的唯心論色彩。

伯爾赫斯・弗雷德里克・史金納（Burrhus Frederic Skinner, 1904-1990），〔美國〕心理學家、行爲學家、作家、發明家、社會學者，以及新行爲主義的主要代表人物。主張自由意志是一種錯覺，人類行爲是取決於先前行爲的後果，後果越好，未來行爲就會越強，這就是所謂的增強原則。創設著名的操作制約箱，又名史金納箱。改革行爲主義並創立自己的實驗研究心理學：實驗型分析行爲學。在心理學研究中，史金納首先提出並改進了反應率的概念，作爲測量推理強度的依變量。二十世紀最有影響力的心理學家之一。

克拉克・李歐納德・赫爾（Clark Leonard Hull, 1884-1952），〔美國〕心理學家、教育家。以實驗法研究學習，並以數學公式用於心理學理論而著名。藉由

科學、邏輯以及數學的原理爲基礎，建立整體行爲理論。學習的增強學說是郝爾的多數研究著作的理論基礎。他認爲刺激與反應在學習過程，發生相互連結，並以此解釋行爲。動物生理需要或驅力越強，越能獲得迅速及時地獎賞或增強，學習的效果也越快。

利奧波德・克羅內克（Leopold Kronecker, 1823-1891），〔德國〕數學家與邏輯學家。主張算術與數學分析都必須以整數爲基礎，他曾說：「自然數是上帝的禮物，其餘數學都是人類的創造。」這與數學家格奧爾格・康托爾的觀點相互對立。主要研究代數和數論，特別是橢圓函數理論有突出貢獻。

李奧帕德・勒文海姆（Leopold Löwenheim, 1878-1957），〔德國〕數學家、數理邏輯。與斯古萊倫共同提出「勒文海姆—斯古萊倫定理」（Löwenheim-Skolem theorem）。

沃倫・麥卡洛克（Warren McCulloch, 1898-1969），〔美國〕模控學、人工神經網路、神經心理學、生物物理學、電腦科學等領域學者。

狄奧多西・杜布贊斯基（Theodosius Grygorovych Dobzhansky, 1900-1975），〔美國〕烏克蘭裔遺傳學家、演化生物學家。

亞伯特・米齊特（Albert Michotte, 1881-1965），〔比利時〕心理學家，歐洲現象心理學最著名的代表人物。代表著作：《因果關係的知覺作用》（*Perception de la causalité*, 1946）。書中闡述，因果關係的知覺與觸覺和顏色知覺一樣，屬於基本（原始）知覺，而非經由其他知覺或經驗再詮釋衍生的高層知覺。有著名的「隧道效應」、「屏幕效應」等知覺心理概念。

尚-巴蒂斯特・皮耶・安托萬・德莫奈，德・拉馬克（Jean-Baptiste Pierre Antoine de Monet, Chevalier de Lamarck, 1744-1829），〔法國〕博物學家，著作有《動物學哲學》（*Philosophie zoologique*, 1809），闡述進化理論，通稱拉馬克學說。提出用進廢退與習得性遺傳兩個法則，並認為這既是生物產生變異的原因，又是適應環境的過程。

尚・卡瓦耶斯（Jean Cavaillès, 1903-1944），〔法國〕邏輯學家與哲學家，擅長數學哲學、科學哲學。

尚・路易・奧古斯特・布拉舍（Jean Louis Auguste Brachet, 1909-1988），〔比利時〕生物化學家，對於理解RNA的作用方面有重要貢獻。染色方法證明DNA在細胞核的染色體上，RNA在所有細胞的細胞質中；RNA在蛋白質合成中扮演積極的作用；細胞分化領域的開先河研究。重要著作：《生物細胞學》（*Biological Cytology*,

1957）。

芭蓓爾‧伊莉莎白‧英海爾德（Bärbel Elisabeth Inhelder, 1913-1997），〔瑞士〕心理學家、認識論學家，與皮亞傑長期合作實驗研究兒童認知發展的貢獻而聞名，共同確立兒童認知發展的形式操作階段。發生認識論的研究聚焦於功能取向，有別於皮亞傑的邏輯—結構取向。與皮亞傑合著《兒童心理學》（*La psychologie de l'enfant*, 1950）、《童年到青少年的邏輯思維發展》（*De la logique de l'enfant à la logique de l'adolescent*, 1955）、《兒童的空間概念化》（*The Child's Conception of Space*, 1967）等。

阿隆佐‧邱奇（Alonzo Church, 1903-1995），〔美國〕數學家。證明基本幾何問題的算法不可解性，以及一階邏輯中真命題全集的解法問題的不可解性。邱奇—圖靈論題。邱奇指導過的學生包括圖靈（劍橋大學）、克萊尼（普林斯頓大學）。

阿爾弗雷德‧塔斯基（Alfred Tarski, 1901-1983），〔美國〕波蘭裔猶太邏輯學家和數學家。華沙學派成員，廣泛涉獵抽象代數、拓樸學、幾何學、測度論、數理邏輯、集論和分析哲學等領域，專精於模型論、元數學、代數邏輯。

阿爾弗雷德·諾斯·懷海德（Alfred North Whitehead, 1861-1947），〔英國〕數學家、哲學家。早期主要研究數學、邏輯和物理。與學生羅素合著三卷《數學原理》（*Principia Mathematica*，分別出版於1910年、1912年、1913年），為二十世紀最重要的數學邏輯作品。1910年代末至1920年代初，逐漸從數學轉移至科學哲學和形上學。認為現實是由事件構成，而不是物質；這些事件不能脫離彼此關係而定義，因此拒絕獨立存在的物質理論。1929年出版《歷程與實在》（*Process and Reality*），創立生機哲學或稱為歷程哲學，被視為歷程哲學學派的經典，廣泛應用到多種學科，包括生態學、神學、教育學、物理學、生物學、經濟學、心理學及其他領域。

保羅·艾薩克·伯納斯（Paul Isaac Bernays, 1888-1977），〔瑞士〕數學家，擅長數學邏輯、公理集合理論、數學哲學。大衛·希爾伯特的助理和合作夥伴。

威拉德·馮·奧曼·奎因（Willard Van Orman Quine, 1908-2000），〔美國〕哲學家、邏輯學家。奎因忠實歸屬於分析哲學傳統，儘管他是「哲學不是概念分析」觀點的主要支持者。主要著作包括《經驗論的兩個教條》，批判分析命題和綜合命題之間的差別，提倡形式體系化的語義整體論；《語詞和對象》，進一步發展這

種立場，並介入著名的翻譯不明確性論題。

威廉・阿克曼（Wilhelm Ackermann, 1896-1962），〔德國〕數學家，最著名成果：阿克曼函數此乃重要的計算理論；與希爾伯特合著《理論邏輯原理》（*Grundzuge der Theoretischen Logik*, 1928）。

威廉・羅溫・漢米爾頓（William Rowan Hamilton, 1805-1865），〔愛爾蘭〕數學家、物理學家及天文學家。最著名的成就包括發明四元數，重新表述牛頓力學，創立漢米爾頓力學，影響後來量子力學的發展。

查理斯—尤金・古伊（Charles-Eugene Guye, 1866-1942），〔瑞士〕物理學家。狹義相對論建立後，古伊用快速電子偏轉實驗證明了相對論運動公式的正確性。著有多本科普書籍，包括進化的生物、物理、化學基礎，物理學和生物學界限的哲學論述。

珀西・威廉斯・布里奇曼（Percy Williams Bridgman, 1882-1961），〔美國〕物理學家，具高壓物理方面的貢獻，1946年獲諾貝爾物理學獎。對科學方法及科學哲學的觀點有相當廣泛的著述。科學哲學著作：《現代物理學的邏輯》（*The Logic of Modern Physics*, 1927），提倡操作主義（operationalism），並創造了專有名詞「操作型定義」（operational definition）。

約瑟夫・拉格朗日（Joseph Lagrange, 1736-1813），〔法國〕義大利裔數學家、天文學家。十八世紀重要的科學家，在代數、數論、微積分、力學和天文學等領域，有歷史性的重大貢獻，包括把數學分析的基礎脫離幾何與力學，使數學的獨立性更為清楚，而不僅是其他學科的工具。普魯士國王腓特烈大帝稱他為「歐洲最偉大的數學家」。

埃米爾・梅耶遜（Émile Meyerson, 1859-1933），〔法國〕波蘭出生的認識論學家、化學家和科學哲學家。托瑪斯・庫恩（Thomas Kuhn）《科學革命的結構》的發展思路，受梅耶遜的影響頗多。在《相對論者的演繹法》（*La Déduction relationtiviste*, 1925）中，梅耶遜論稱，愛因斯坦的廣義相對論是空間物質同一化的新版本，他認為這是「整個（笛卡兒）系統所依據的根本假設」。

庫特・舒特（Kurt Schütte, 1909-1998），〔德國〕數學家，研究領域包括證明理論和有序數分析（ordinal analysis）。菲弗曼—舒特序數（Feferman-Schütte ordinal, Γ0）是一個大可數序數，是若干數學理論的序數分析依據，以菲弗曼和舒特兩人的姓氏命名。

庫爾特・弗雷德里希・哥德爾（Kurt Friedrich Gödel, 1906-1978），〔奧匈帝國〕數學家、邏輯學家和哲學家，

維也納學派成員。最傑出的貢獻是「哥德爾不完備定理」，以及連續統假設的相對協調性證明。

恩斯特・邁爾（Ernst Walter Mayr, 1904-2005），〔德國／美國〕，二十世紀最重要的演化生物學家，也是系統分類學家、鳥類學家、博物學家、生物學哲學家與科學史學家。

格奧爾格・費迪南德・路德維希・菲利普・康托爾（Georg Ferdinand Ludwig Philipp Cantor, 1845-1918），〔德國〕出生於俄國的數學家。創立現代集合論，定義基數、序數及其算術，提出超限序數、連續統假說、康托爾定理、康托爾悖論。

桑德斯・麥克萊恩（Saunders McLane, 1909-2005），〔美國〕數學家。與塞繆爾・艾倫伯格共同創立範疇論。

索羅門・菲弗曼（Solomon Feferman, 1928-2016），〔美國〕哲學家、數學家、邏輯學家。研究領域包括數理邏輯，證明理論和計算理論；數學基礎，建構和預測的基礎；數學哲學；現代邏輯史。菲弗曼—舒特序數（Feferman-Schütte ordinal, $\Gamma 0$）是一個大可數序數，是若干數學理論的序數分析依據，以菲弗曼和舒特兩人的姓氏命名。

馬克斯・卡爾・恩斯特・路德維希・普朗克（Max Karl

Ernst Ludwig Planck, 1858-1947），〔德國〕物理學家，量子力學的創始人，重大成就包括普朗克常數、普朗克黑體輻射定律、舊量子論。以發現能量量子，獲得1918年諾貝爾物理學獎。

馬克・羅森茨維格（Mark Rosenzweig, 1922-2009），〔美國〕心理學家，證實學習可以改變腦部結構，神經可塑性。

康拉德・哈爾・沃丁頓（Conrad Hal Waddington, 1905-1975），〔英國〕發展生物學家、表觀遺傳學家、古生物學家。

康拉德・羅倫茲（Konrad Zacharias Lorenz, 1903-1989），〔奧地利〕動物學家、鳥類學家、動物心理學家，建立現代動物行為學，本能理論創始人，離巢鳥類的銘印作用研究。1973年，獲得諾貝爾生理學、醫學獎。

莫里茲・帕許（Moritz Pasch, 1843-1930），〔德國〕數學家，以形式化方法，建立「帕許幾何」、「帕許公理」。

陶拉爾夫・亞伯特・斯古萊倫（Thoralf Albert Skolem, 1887-1963），〔挪威〕數學家，數理邏輯和集合論。與勒文海姆共同提出「勒文海姆—斯古萊倫定理」（Löwenheim-Skolem theorem）。

傑洛姆・布魯納（Jerome S. Bruner, 1915-2016），〔美國〕心理學家，重要貢獻在教育心理學的認知學習理論。布魯納認為思想基於分類，建議以編碼系統解釋人們組成關於分類的階層組織。每個類別隨著更高層級而變得更加具體。他還建議思考有兩種基本模式：故事思考和典範思考。「故事」思考模式，處理人的意向、行動及其變化和結果，著重整體過程和特殊經驗；「典範」思考模式，則試圖找到超越特殊經驗的抽象原則。

華德・畢茲（Walter Pitts, 1923-1969），〔美國〕數學、神經網路、計算神經科學、邏輯學家。

菲利浦・弗蘭克（Philipp Frank, 1884-1966），〔奧地利〕物理學家、數學家、科學哲學家；邏輯實證論；維也納學派成員。

費迪南德・龔塞思（Ferdinand Gonseth, 1890-1975），〔瑞士〕數學家、哲學家，創立「開放哲學」（open philosophy），主張科學和數學缺乏絕對基礎。

塞繆爾・艾倫伯格（Samuel Eilenberg, 1913-1998），〔美國〕波蘭出生的數學家。與桑德斯・麥克萊恩共同創立範疇論。

奧托・柯勒（Otto Koehler, 1889-1974），〔德國〕動物學家。實驗演示動物擁有兩類的數字概念和算術能力：一

類是視覺―空間／同時性的，另一類是時間／歷時性的。

詹姆斯・馬克・鮑德溫（James Mark Baldwin, 1861-1934），〔美國〕哲學家、心理學家。在早期心理學、精神病學、進化論有重要貢獻。普林斯頓大學心理學系的創始人之一。在多倫多創建實驗心理學實驗室。1894年，發表實驗心理學的文章〈兒童和種族的心理發展：方法和過程〉，給皮亞傑留下深刻印象。

赫伯特・史賓塞（Herbert Spencer, 1820-1903），〔英國〕哲學家，進化論、實證主義、古典自由主義，自由放任、功利主義，社會達爾文主義之父，提出「適者生存」應用在社會學，尤其是教育及階級鬥爭。

魯伊茲・艾格博特斯・楊・布勞威爾（Luitzen Egbertus Jan Brouwer, 1881-1966），〔荷蘭〕數學家、哲學家。數學直覺主義流派創始人，主張數學是建立在有限直覺所引發的步驟，也稱為建構論。另外，在拓樸學、集合論、測度論（measure theory）和複變分析（complex analysis）等領域，有很多貢獻。

儒勒・昂利・龐加萊（Jules Henri Poincaré, 1854-1912），〔法國〕數學家、理論物理學家和科學哲學家。公認十九世紀後和二十世紀初的領袖數學家。對數學、數學

物理和天體力學做出很多創造性的基礎貢獻。奠定現代混沌理論基礎、狹義相對論簡略版、龐加萊群、代數拓樸、代數幾何、數論、三體問題等。

蘭斯洛特·勞·懷特（Lancelot Law Whyte, 1896-1972），〔蘇格蘭〕哲學家、理論物理學家、科學史學家。

皮亞傑年表

尚·皮亞傑（Jean Piaget，1896年8月9日至1980年9月16日），全名
尚·威廉·弗里茲·皮亞傑（Jean William Fritz Piaget）。

年代	生 平 記 事
1896	8月9日，皮亞傑出生在瑞士法語區的納沙泰爾（Neuchâtel），為家中長子。父親亞瑟·皮亞傑（Arthur Piaget, 1865-1952）為瑞士人，納沙泰爾大學中世紀文學教授；母親蕾貝卡·傑克森（Rebecca Jackson, 1872-1942）為法國人。
1906-1911	十幾歲的時候，對自然科學和生物學，特別是軟體動物很有興趣，經常造訪自然博物館，盯著動物標本，一看就是好幾個小時。中學期間，和同學、朋友組成年輕科學家社團與學生社團，社長皮耶·博韋特（Pierre Bovet），該社團後來稱為自然之友社（Amici Naturae）。15歲中學畢業之前，已經在這些社團研討會發表不少論文，成為小有名氣的軟體動物學家。
1907	皮亞傑11歲，就讀納沙泰爾拉丁語中學，在公園觀察到白化症麻雀，以此為主題，寫成短文發表，由此展開他漫長的科學生涯。
1911	皮亞傑15歲，他的保姆寫信給他的父母道歉，因為以前欺騙他們說曾遭遇綁匪想劫走躺在娃娃車裡的小皮亞傑。雖然沒有這麼一回事，但是皮亞傑變得著迷，他以某種方式形成這起綁架事件的記憶，即使他日後明白那件往事是虛構的，這些記憶依然未曾磨滅。
1911-1918	高中畢業後，就讀納沙泰爾大學，主修自然科學、科學史、動物學。另外，在祖父鼓勵下，也有興趣投入哲學（特別是知識論、邏輯的研究）。在此期間，他發表了若干哲學文章，集結成冊《理念研究的使命》（La

年代	生 平 記 事
	mission de l'idée et Recherche），雖然日後自述是青春期的不成熟著作，但也可以窺見他思想的進化（其中部分反映出與進化理論、家庭的宗教文化背景等的分道揚鑣，以及第一次世界大戰的省思和啓示）。
1918	前往蘇黎世大學，跟隨卡爾・榮格（Carl Jung）、保羅・尤金・布魯勒（Paul Eugen Bleuler），研習心理學，對於心理分析萌發深遠興趣。
1919	皮亞傑接受西奧多・西蒙（Théodore Simon）邀約，離開瑞士，前往巴黎，任職於阿爾弗雷德・比奈（Alfred Binet）創辦的男童學校〔位於巴黎第十區美麗穀倉街（Grange-aux-Belles）〕，協助批改學童的智力測驗標準化量表（比西智力量表）。這讓他有機會研究智力發展的過程，並且進行了孩童心智成長的實驗。皮亞傑發現，孩童持續給出錯誤答案，而且錯誤的形態明顯與大一點兒童和成年人不同。這就萌發了幼兒認知過程與成年人的認知過程，本質上不同的理論念頭。最終，他提出認知發展階段理論，每個發展階段都表現出某些共同的認知模式。
1921	（另外有資料記載為1918年）取得納沙泰爾大學博士學位，研究主題為瑞士瓦萊州的軟體動物學。
1921-1925	接受愛德華・克拉帕德雷（Édouard Claparède）與皮耶・博維特邀約，回到瑞士，擔任日內瓦大學盧梭研究院，研究部主任。皮亞傑熟悉了克拉帕德雷關於人類心智「嘗試錯誤」運作的心理概念。
1923	和瓦萊麗・沙特奈（Valentine Châtenay, 1899-1983）結婚，兩人生育有三個子女；賈桂琳（Jacqueline, 1925）、露西安（Lucienne, 1927）、羅倫（Laurent,

年代	生 平 記 事
	1931），從嬰孩時期，皮亞傑就研究子女的智能和語言發展，這也成為他研究兒童認知發展的基礎。
1920 年代	皮亞傑對幼兒心理學越來越感興趣。運用臨床訪談的研究方法，他發掘並試圖解釋，兒童的認知如何從自我中心化轉向社會〔社會互動〕中心化。
1923	《兒童的語言和思考》（*Le Langage et la pensée chez l'enfant*）。
1925/26	《兒童對世界的再現》，或譯《兒童對世界的概念》（*La représentation du monde chez l'enfant*）。
1925- 1929	納沙泰爾大學，心理學、社會學和科學哲學教授。
1927	《兒童的實物因果概念》（*La causalité physique chez l'enfant*）。
1928	達沃斯國際大學籌備處，校務課程發展教授。
1929- 1939	日內瓦大學，科學思想研究所傑出教授、所長。
1929- 1967/68	日內瓦聯合國教科文組織（UNESCO），任國際教育局主任，長達三十九年。每一年，他都會在國際教育局理事會和國際公共教育大會致詞，倡導他的教育信條，包括：世界和平教育、聚焦世界各國民族主義和政治意識形態的對話，世界青年教育，會員國教育部長級對話。
1932- 1971	日內瓦大學，教育科學研究所所長。
1932	《兒童的道德判斷》（*Le jugement moral chez l'enfant*）。

年代	生 平 記 事
1936	《兒童智能的起源》（*La naissance de l'intelligence chez l'enfant*）。
1936年以降	獲頒全世界三十多所大學榮譽博士學位，包括：〔美國〕哈佛大學（1936）；〔法國〕巴黎—索邦大學（1946）；〔巴西〕巴西大學（1949）；〔比利時〕布魯塞爾大學（1949）；〔美國〕芝加哥大學（1953）；〔加拿大〕麥吉爾大學（1954）；〔波蘭〕華沙大學（1958）；〔英國〕曼徹斯特大學（1959）；〔挪威〕奧斯陸大學（1960）；〔英國〕劍橋大學（1962）；〔美國〕布蘭迪斯大學（1962）；〔加拿大〕蒙特婁大學（1964）；〔法國〕艾克斯—馬賽大學（1966）；〔美國〕賓州大學（1966）；〔西班牙／加泰羅尼亞〕巴塞隆納大學（1966）；〔美國〕耶魯大學（1970）；〔英國〕布里斯托大學（1970）；〔英國〕國家學術資格委員會（CNAA, 1975）等等，共三十多所大學。
1937	《兒童的現實建構》（*La construction du réel chez l'enfant*）。 《發生認識論導論》第三卷（*Introduction à l'épistémologie génétique, 3 Vols*）。 與〔瑞士〕心理學家、教育學家英海爾德（Inhelder, B.）合著，《兒童心理學》（*La psychologie de l'enfant*）。
1938-1951	洛桑大學，實驗心理學和社會學系教授、主任。
1939-1951/52	日內瓦大學，社會學教授。

年代	生 平 記 事
1940-1971	日內瓦大學，發生學與實驗心理學教授。
1941	《兒童的數字概念》（*La genèse du nombre chez l'enfant*）。
1945	《兒童的符號形成：模仿、遊戲、夢、意向與再現》（*La formation du symbole chez l'enfant; imitation, jeu et réve, image et représentation*）。
1946	《兒童時間觀念的發展》（*Le développement de la notion de temps chez l'enfant*）。
1947	《智能心理學》（*La psychologie de l'intelligence*）。
1948	《兒童的自發性幾何概念》（*La géométrie spontanée de l'enfant*）。
1951	《兒童機率概念的起源》（*La genèse de l'idée de hasard chez l'enfant*）。
1952	皮亞傑（Piaget, J.）英文〈自傳〉（Autobiography），收錄於E. Boring 主編《自傳中的心理學史》（*History of psychology in autobiography*）第四卷。
1952-1963/64	巴黎—索邦大學，發生心理學教授。
1953	《邏輯與心理學》（*Logic and Psychology*）。
1954	《心智與情感在兒童發展期間的關係》（*Les relations entre l'intelligence et l'affectivité dans le développement de l'enfant*）。
1954-1957	獲選成為國際心理科學聯盟（International Union of Scientific Psychology）會長，連任至1957年。

年代	生 平 記 事
1955	與〔瑞士〕心理學家、教育學家英海爾德（Inhelder, B.）合著，《童年到青少年的邏輯思維發展》（*De la logique de l'enfant à la logique de l'adolescent*）。
1955-1980	創立日內瓦國際發生認識論中心，擔任主任，與各領域學者專家合作發生認識論研究。
1959	《基礎邏輯結構的發生》（*La genèse des structures logiques élémentaires*），兒童早期邏輯認知發展。
1961	《知覺的機轉：機率模式、發生學分析與心智的關係》（*Les mécanismes perceptifs: modèles probabilistes, analyse génétique, relations avec l'intelligence*）。
1961	與〔荷蘭〕邏輯學家貝斯（Beth, E. W.）合著，《數學認識論與心理學：形式邏輯與具體思維的關係文選》（*Épistémologie mathématique et psychologie: Essai sur les relations entre la logique formelle et la pensée réelle*）。
1962	〈回應維高斯基的批評〉（Commentary on Vygotsky's criticisms），收錄於《心理學新知期刊》（*New Ideas in Psychology*），*13*, 325-40, 1995。
1964	受邀前往康乃爾大學（3月11-13日）、加州大學柏克萊分校（3月16-18日），擔任研討會首席顧問，大會主題為：兒童認知發展研究和課程發展的關係。 《六項心理學研究》（*Six études de psychologie*）。
1966	《兒童的心理意象：想像再現的發展研究》（*L'image mentale chez l'enfant: études sur le développement des représentations imaginées*）。

年代	生 平 記 事
1967	《邏輯與科學認知》（*Logique et connaissance scientifique*）。 與〔瑞士〕心理學家、教育學家英海爾德（Inhelder, B. 合著，《兒童的空間概念》（*The Child's Conception of Space*）。 《生物學與知識：生物有機體的調節作用與認知過程關係論文集》（*Biologie et connaissance: essai sur les relations entre les régulations organiques et les processus cognitifs*）。
1968	《結構主義》（*Le Structuralisme*）。 《記憶與心智》（*Mémoire et intelligence*）。
1969	桑代克獎（E. L. Thorndike Award），以及美國心理學會心理科學傑出貢獻獎（APA Award for Outstanding Scientific Contribution to Psychology）。 《心理學與教學論》（*Psychologie et pédagogie*），探討教育科學與兒童心理學研究的關係。
1970	《從青少年到成年的心智演化》（*L'évolution intellectuelle entre l'adolescence et l'âge adulte*）。 《心理學與知識論：邁向知識心理學》（*Psychologie et epistémologie*）。 《發生認識論》（*Genetic Epistemology*），收錄1968年在美國哥倫比亞大學系列講座的法文講稿。對發生認識論的心理發生、生物發生的基礎概念，及邏輯、數學、物理等應用詮釋，以及發生認識論（包含建構論取徑）與古典認識論重要議題的對話和評述。由法國大學出版社發行，繁體中文譯本譯自2011年《*Quadrige*》戰車叢書第一版。此書最早收錄於通識教育系列叢書《*Que sais-je?*》第1399號，是該系列叢書當中的長銷經典。

年代	生 平 記 事
1971-1980	日內瓦大學，榮譽教授。
1972	獲頒伊拉斯謨獎（Prix Érasme），荷蘭伊拉斯謨基金會（Praemium Erasmianum Foundation）頒發，表揚皮亞傑對於歐洲及世界其他地方的文化、社會或社會科學的傑出貢獻。
1973	《教育的未來：理解與創新》（*To Understand Is to Invent: The Future of Education*）；譯自〈當今世界的教育正道〉（*Le droit à l'éducation dans le monde actuel*, 1948）與〈教育何去何從？〉（*Où va l'éducation*, 1971）。
1974	《尚‧皮亞傑檔案基金會》（La Fondation Archives Jean Piaget），已故〔瑞士〕心理學家、教育學家芭蓓爾‧英海爾德（Bärbel Inhelder）教授為紀念皮亞傑而創立的私人基金會，基金會的宗旨是要宣揚皮亞傑著作的重要性，位於日內瓦大學，基金會收藏了皮亞傑在心理學和發生認識學等方面的所有著作，以及日內瓦發展心理學領域啟發的二級文獻。 《幼童的行動、概念與意識覺察》（*La prise de conscience*）。
1975	《認知結構的平衡化：心智發展的核心問題》（*L'équilibration des structures cognitives*）。
1976	皮亞傑（Piaget, J.），法文〈自傳〉（Autobiographie），收錄於《歐洲社會科學期刊》（*Revuee Européenne des Sciences Sociales*），14, 38-39, 1-43。

年代	生　平　記　事
1977	《社會學研究》（*Sociological Studies*）。 《反身抽象研究》（*Studies in Reflecting Abstraction*）。 〈論必然性〉（Essay on necessity），收錄於《人類發展期刊》（*Human Development*），*29*, 301-14, 1986。
1979	獲頒巴爾贊獎（Balzan Prize），由義大利─瑞士的國際巴爾贊獎基金會（International Balzan Prize Foundation）頒發，表揚皮亞傑在社會科學與政治學領域的傑出貢獻。另外，他還贏得十多項國際獎項。 〔義大利〕語言學家馬西莫・皮亞泰利─帕爾馬里尼（Massimo Piattelli-Palmarini）主編，《語言和學習的理論：皮亞傑和喬姆斯基的論辯》（*Théories du langage, théories de l'apprentissage*）。
1980	9月16日，皮亞傑過世於瑞士日內瓦，享年84歲，身後安葬於普蘭帕雷公墓。
1981	《可能性與必然性》兩卷（*Possibility and Necessity*, 2 Vols）。
1983	與物理學家賈西亞（Garcia, R.）合著，《心理發生與科學史》（*Psychogenèse et histoire des sciences*）。 Piaget, J.，〈皮亞傑理論〉（*Piaget's theory*），收錄於 P. Mussen主編《兒童心理學手冊》第四版，第一卷。
1987	與物理學家賈西亞（Garcia, R.）合著，《邁向意義的邏輯》（*Towards a Logic of Meanings*）。
1990	與亨瑞克（Henriques, G）、艾歇爾（Ascher, E.），合著《形態與範疇》（*Morphisms and Categories*）。

索引

經典名著文庫 100

發生認識論
人類認知與知識建構的發生學原理

作　　　者 —— 皮亞傑（Jean Piaget）
譯　　　者 —— 李政賢
發　行　人 —— 楊榮川
總　經　理 —— 楊士清
總　編　輯 —— 楊秀麗
文 庫 策 劃 —— 楊榮川
副 總 編 輯 —— 黃文瓊
特 約 編 輯 —— 陳俐君
責 任 編 輯 —— 李敏華
封 面 設 計 —— 姚孝慈
著 者 繪 像 —— 莊河源
出　版　者 —— 五南圖書出版股份有限公司
　　　　　　　地　　　址 —— 臺北市大安區 106 和平東路二段 339 號 4 樓
　　　　　　　電　　　話 —— 02-27055066（代表號）
　　　　　　　傳　　　眞 —— 02-27066100
　　　　　　　劃撥帳號 —— 01068953
　　　　　　　戶　　　名 —— 五南圖書出版股份有限公司
　　　　　　　網　　　址 —— http://www.wunan.com.tw
　　　　　　　電子郵件 —— wunan@wunan.com.tw
法 律 顧 問 —— 林勝安律師事務所　林勝安律師
出 版 日 期 —— 2019 年 11 月初版一刷
定　　　價 —— 350 元

國家圖書館出版品預行編目資料

發生認識論：人類認知與知識建構的發生學原理 / 皮亞傑
（Jean Piaget）著；李正賢譯 . -- 初版 . -- 臺北市：五南，
2019.11
　　面；公分 . -- （經典名著文庫；100）
譯自：L' épistémologie génétique
ISBN 978-957-763-679-9（平裝）

1. 皮亞傑（Paiget, Jean, 1896-1980）　2. 兒童心理學
3. 認識心理學

173.1　　　　　　　　　　　　　　　　　　　　108015882